T0198485

essentials

essentials liefern aktuelles Wissen in konzentrierter Form. Die Essenz dessen, worauf es als „State-of-the-Art" in der gegenwärtigen Fachdiskussion oder in der Praxis ankommt. *essentials* informieren schnell, unkompliziert und verständlich

- als Einführung in ein aktuelles Thema aus Ihrem Fachgebiet
- als Einstieg in ein für Sie noch unbekanntes Themenfeld
- als Einblick, um zum Thema mitreden zu können

Die Bücher in elektronischer und gedruckter Form bringen das Expertenwissen von Springer-Fachautoren kompakt zur Darstellung. Sie sind besonders für die Nutzung als eBook auf Tablet-PCs, eBook-Readern und Smartphones geeignet. *essentials:* Wissensbausteine aus den Wirtschafts, Sozial- und Geisteswissenschaften, aus Technik und Naturwissenschaften sowie aus Medizin, Psychologie und Gesundheitsberufen. Von renommierten Autoren aller Springer-Verlagsmarken.

Weitere Bände in der Reihe http://www.springer.com/series/13088

Dominic Lindner

KMU im digitalen Wandel

Ergebnisse empirischer Studien zu
Arbeit, Führung und Organisation

 Springer Gabler

Dominic Lindner
Lehrstuhl für Wirtschaftsinformatik III
insb. IT-Management
FAU Erlangen-Nürnberg
Nürnberg, Deutschland

ISSN 2197-6708   ISSN 2197-6716   (electronic)
essentials
ISBN 978-3-658-24398-2   ISBN 978-3-658-24399-9   (eBook)
https://doi.org/10.1007/978-3-658-24399-9

Die Deutsche Nationalbibliothek verzeichnet diese Publikation in der Deutschen Nationalbiblio-
grafie; detaillierte bibliografische Daten sind im Internet über http://dnb.d-nb.de abrufbar.

Springer Gabler ist ein Imprint der eingetragenen Gesellschaft Springer Fachmedien Wiesbaden
GmbH und ist ein Teil von Springer Nature
Die Anschrift der Gesellschaft ist: Abraham-Lincoln-Str. 46, 65189 Wiesbaden, Germany

Was Sie aus diesem *essential* mitnehmen können

- Empfehlungen zur technologischen Ausstattung am Arbeitsplatz
- Empfehlungen zur Ausgestaltung der Arbeit 4.0
- Praktische Tipps für Führungskräfte
- Praktische Tipps zur Erhöhung von Agilität in der Organisation

Vorwort

Jahrelang war das, was große Unternehmen getan haben, interessanter als das, was in kleinen und mittleren Unternehmen passiert ist. Dabei sind 99,3 % der Unternehmen in Deutschland sogenannte kleine und mittlere Unternehmen (KMU), die 53,3 % der Arbeitnehmer in Deutschland beschäftigen. Weltweit wird der „German Mittelstand" gern als Vorbild genommen, da sich hier mit Abstand die meisten Weltmarktführer finden und der Mittelstand damit der Motor der deutschen Wirtschaft ist.

Dies ist auch der derzeitigen Regierung klar, weshalb in der aktuellen Legislaturperiode die Digitalisierung von KMU mit 1 Mrd. Euro gefördert werden soll. Doch viele Entscheider aus KMU sind im Kontext der Digitalisierung noch zurückhaltend, da viele Studien und Informationen oft auf Großunternehmen zugeschnitten sind und selten die spezifischen Rahmenbedingungen von KMU aufgreifen (vgl. Kap. 2). Auch finden sich meist eher Studien zur Umsetzung der Industrie 4.0 als zu KMU, die sich mit sogenannter Wissensarbeit (Softwareentwicklung, Bürotätigkeiten etc.) befassen. Genau diese Lücke möchte ich mit diesem Buch schließen und in den Themenfeldern Arbeit, Führung und Organisation nützliche Tipps für KMU ableiten, die bei der Digitalisierung helfen können.

Im Zuge meiner Doktorarbeit habe ich in den letzten drei Jahren gemeinsam mit 12 Entscheidern die Digitalisierung von KMU untersucht. Ich habe dazu vier Studien durchgeführt und Digitalisierungsprojekte in KMU untersucht.

Eine Promotion konzentriert sich stark auf die Methodik und lässt wenig Spielraum für Praxistipps. Im Laufe meiner Promotion habe ich selbst in Vollzeit bei einem Rechenzentrumsdienstleister als auch bei einem Consultingunternehmen gearbeitet und die Digitalisierung von KMU hautnah miterlebt und mitgestaltet. Aus diesem Grund möchte ich in diesem Buch die Praxisseite meiner Promotion und meine Erfahrungen präsentieren.

Ich möchte mich herzlich bei meinen akademischen Co-Autoren Dr. Christian Leyh, Jun-Prof. Dr. Thomas Ludwig, Tobias Greff und Marko Ott bedanken. Auch gilt ein Dank meinen Arbeitgebern, die mich während der Promotion immer unterstützt haben. Weiterhin geht ein großer Dank an meine Roundtable-Teilnehmer. Sie waren es, die mich kontinuierlich mit Praxisinhalten versorgt haben und ihre wertvolle Zeit nutzten, um mir bei meiner Promotion zu helfen. Auch möchte ich Katrin Balabasov für die Hilfe bei Lektorat und Formatierung dieses Buches danken. Besonders erwähnen möchte ich den Agile Coach des IT-Konzerns, den Aufsichtsrat des Maschinenbauunternehmens, den IT-Leiter des E-Commerce-Unternehmens, den Vorstand des Consulting-Unternehmens, den Marketingleiter des CRM-Unternehmens, den IT-Direktor des Medienunternehmens sowie den Vorstand der Gewerkschaft. Zu guter Letzt gilt mein besonderer Dank meinem Doktorvater Prof. Dr. Michael Amberg, der mich immer mit Rat und Tat unterstützt hat.

Dominic Lindner

Inhaltsverzeichnis

Einleitung

Können Sie sich vorstellen, dass vor 1980 kleine und mittlere Unternehmen (KMU) in der Forschung kaum Beachtung fanden? Speziell von Marx und Schumpeter wurden diese als rückschrittlich und als Hindernis für die Wirtschaft gesehen. Erst nach 1980 wurde erkannt, dass speziell KMU der Garant für eine faire Umverteilung von Wirtschaftsmacht und die Förderung von Wettbewerb sein können. Speziell in Deutschland hat es der „German Mittelstand" zu einer Vorbildrolle in der Welt geschafft. Mit 1507 Weltmarktführern (Hidden Champions – vgl. USA 300 – Statista 2018 Abb. 1.1) gehört er zur einsamen Spitze und ist maßgeblich an der führenden wirtschaftlichen Rolle von Deutschland in der Welt beteiligt.

Nebenbei erwähnt sind in Deutschland 99,3 % aller Unternehmen KMU und beschäftigen 53,5 % der Arbeitnehmer (Abb. 1.2). Seit eh und je helfen mittelständische Unternehmen ihren Kunden bei der Lösung von Herausforderungen. Aktuell stehen jedoch KMU selbst vor einer Herausforderung, die sich Digitalisierung nennt und laut vielen Studien tiefgreifende Änderungen mit sich bringen soll.

Wie bereits von Bley und Leyh (2016) festgestellt, betreffen derartig starke Veränderungen allerdings vornehmlich Großunternehmen. Der Grund dafür ist, dass die Implementierung dieser „Trendthemen" vor allem von KMU oft als zu komplex und teuer angesehen und teilweise auch als nicht relevant eingestuft wird. Dies ist nicht verwunderlich, da der digitale Wandel auch Risiken mit sich bringt und sich ein KMU Fehlversuche oft nicht leisten kann. Offene Punkte sind u. a. die Adaptierbarkeit von IT-Systemen, Qualifikationsanforderungen an die Mitarbeiter, der Ablauf einer Mensch-Maschine-Kooperation, der Arbeits- und Gesundheitsschutz, Flexibilitätskompromisse sowie die Sicherheit von Unternehmensdaten (Ludwig et al. 2016).

© Springer Fachmedien Wiesbaden GmbH, ein Teil von Springer Nature 2019
D. Lindner, *KMU im digitalen Wandel,* essentials,
https://doi.org/10.1007/978-3-658-24399-9_1

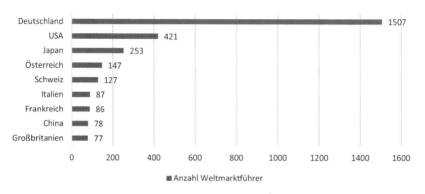

Abb. 1.1 Weltmarktführer nach Ländern. (Statista 2016)

Dennoch sollte die Digitalisierung mit Blick auf ihre Chancen nicht ver-
nachlässigt werden. So kann eine konstruktive Digitalisierung die Zukunftsfähigkeit eines KMU deutlich steigern und langfristig zur Sicherung des Erfolgs
beitragen. Dieses Essential untersucht deswegen die Arbeit, Organisation

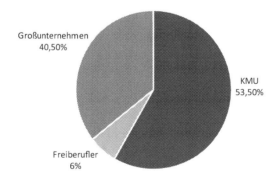

Abb. 1.2 Beschäftigungsverteilung in Deutschland. (Statistisches Bundesamt 2015)

und Führung im Kontext des digitalen Wandels und gibt praktische Handlungsempfehlungen, wie der digitale Wandel unter den spezifischen Rahmenbedingungen von KMU gelingen kann. Dazu habe ich im Zuge meiner Promotion vier Studien durchgeführt, die ich kurz vorstellen und Praxisempfehlungen für KMU daraus ableiten möchte.

Definition und Besonderheiten von KMU

Laut der Definition des Instituts für Mittelstandsforschung (IfM 2018) ist ein KMU wie in Tab. 2.1 aufgeführt definiert. Ergänzend gibt es noch eine Definition der EU-Kommission, die Unternehmen bis 249 Mitarbeiter (MA) als mittlere Unternehmen bezeichnet. Allerdings soll in diesem Buch die deutsche Definition verwendet werden.

Die Begriffe Mittelstand, Eigentümerunternehmen und viele andere, die im Zuge des Essentials genannt werden, sind laut IfM als Synonyme für KMU zu sehen. Auch wird nicht zwischen einem Familienunternehmen und einem klassischen KMU unterschieden.

Werfen wir einen Blick auf die Struktur von KMU (Abb. 2.1). Speziell in Kleinstunternehmen zeigt sich eine hohe Dichte traditioneller Zünfte wie Bäcker, Tischler und Metzger. Im Bereich der kleinen und mittleren Unternehmen finden sich neben überwiegend produzierenden Unternehmen auch unternehmensnahe Dienstleistungen wie Consulting oder Softwareentwicklung (vgl. Werth et al. 2016). Abb. 2.2 verdeutlicht die Tatsache, dass sich KMU grob in vier Kategorien einteilen lassen:

- Digitalisierung der Zünfte bzw. des Handwerks (Handwerk 4.0)
- Digitalisierung der Produktion (Industrie 4.0)
- Digitalisierung der Wissensarbeit (Arbeit 4.0)
- Digitalisierung des Baugewerbes (Bau 4.0)

▶ Wissensarbeiter sind Menschen, die mithilfe von Denkprozessen komplexe Probleme angehen, steuern und lösen. Ihre Arbeit ist geprägt von Kommunikation und Empathie.

Tab. 2.1 Definition des IFM Bonn für KMU. (IFM 2018)

Unternehmensgröße	Anzahl Mitarbeiter	Umsatz/Jahr in Euro
Kleinstunternehmen	bis 9	bis 2 Mio.
Kleine Unternehmen	bis 49	bis 10 Mio.
Mittlere Unternehmen	bis 499	bis 50 Mio.

Doch was sind eigentlich die Besonderheiten des „German Mittelstand"? In erster Linie wurde bereits vorher festgestellt, dass kein anderes Land so viele heimliche Weltmarktführer wie Deutschland hat. Viele KMU besitzen deswegen starke Nischenexpertise und sind an einem nachhaltigen Wachstum sowie einer langfristigen Strategie orientiert. Basis für den langjährigen Erfolg sind fast immer einige wenige langjährige Mitarbeiter, die das Unternehmen fast seit Beginn begleiten. Ein weiteres Merkmal ist das geringere Budget im Vergleich zu Großunternehmen. So ist tendenziell speziell für die Digitalisierung wenig Budget

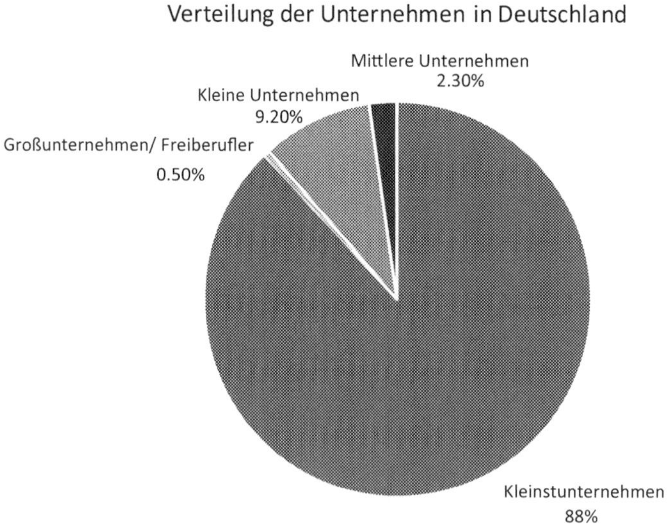

Abb. 2.1 KMU Verteilung in Deutschland. (Statistisches Bundesamt 2015)

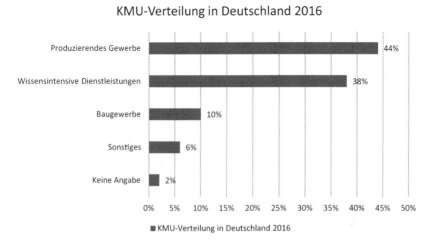

Abb. 2.2 KMU Verteilung in Deutschland. (KfW 2017)

vorhanden und das rentable Tagesgeschäft geht oft vor. Aufgrund des geringeren Personals werden Digitalisierungsprojekte, wie u. a. die Einführung neuer Software, immer von Mitarbeitern neben dem Tagesgeschäft ausgeführt. Es gilt deswegen, für KMU Handlungsempfehlungen für eine konstruktive, einfache und kostengünstige Digitalisierung zu finden.

Auf einen Blick
- KMU sind Unternehmen bis 249 MA und 50 Mio. EUR Umsatz.
- Deutschland hat mit Abstand die meisten Weltmarktführer (Hidden Champions).
- KMU verfügen über Nischenexpertise.
- KMU verfügen oft über ein geringeres Budget als Großunternehmen sowie eine nachhaltigere Unternehmensstrategie.
- Kleinstunternehmen sind vorwiegend klassische Zünfte, während kleine und mittlere in der Mehrzahl aus produzierenden Unternehmen sowie IT-Dienstleistern bestehen.

Die KMU-Forschung – gestern und heute

3

Die Digitalisierung von KMU wird nicht erst seit ein paar Jahren, sondern schon lange untersucht. Es ist also kein neues Thema. Eine der ersten Studien zu KMU ist von Montazemi (1987). Er untersuchte die Anwendung des sogenannten Personal Computers (PC). Es folgten viele weitere Studien wie die von Raymond (1986) mit Fokus auf die Anwendung von Textverarbeitungsprogrammen wie Word in KMU. Ab 1994 rückte die Globalisierung von KMU in den Fokus der Forschung, da speziell Nischenexpertise oft weltweit skaliert werden musste. Durch eine globale Vernetzung wurden nach 2011 speziell die Potenziale der Innovation durch den Zusammenschluss von KMU untersucht. Seit 2013 finden sich vermehrt Studien zur Anwendbarkeit von verschiedensten Technologien (SAP, Sharepoint etc.) in KMU. Seit 2016 wird vermehrt der digitale Wandel von Arbeit, Führung und Organisation sowie Automatisierung diskutiert. Natürlich finden sich auch viele Randthemen, allerdings lag mein Fokus auf den Kernthemen.

> **KMU-Forschung auf einen Blick**
> - 1980–1993: Anwendung von PCs in KMU
> - 1994–2010: Globalisierung von KMU
> - 2011–2012: Innovation in KMU
> - 2013–2015: IT in KMU
> - 2016–2018: Digitalisierung, Führung, Arbeit und Organisation in KMU

© Springer Fachmedien Wiesbaden GmbH, ein Teil von Springer Nature 2019
D. Lindner, *KMU im digitalen Wandel*, essentials,
https://doi.org/10.1007/978-3-658-24399-9_3

Studienhintergrund

4

Besonderheit meiner Forschung ist, dass alle Studien mit dem gleichen Teilnehmer-kreis durchgeführt worden sind. In Tab. 4.1 findet sich dazu eine Übersicht. Neben den 12 KMU-Entscheidern waren der Vorstand einer Gewerkschaft sowie Teil-nehmer aus Konzernen im Pool der Praxispartner Teil der Gruppendiskussionen. Die Nicht-KMU-Teilnehmer waren vor allem dazu da, einerseits Erfahrungen der Kon-zerne zu präsentieren und andererseits neue Impulse in die Diskussion einzubringen.

Tab. 4.1 Teilnehmer der Studien in der Zusammenfassung

Unternehmen	Position
IT-Dienstleister (CRM)	Leiter Marketing
IT-Dienstleister (Logistik)	Geschäftsleitung
IT-Dienstleister (E-Commerce)	Bereichsleiter
IT-Dienstleister (Consulting)	Vorstand
Produktion (Maschinenbau)	Aufsichtsrat
IT-Dienstleister (Rechenzentrum)	Vorstand
IT-Dienstleister (Medien)	Direktor IT
IT-Dienstleister (Infrastruktur)	Geschäftsleitung
IT-Dienstleister (Consulting)	Geschäftsführer
Gewerkschaft	Vorstand IT
IT-Konzern	Agile Coach
IT-Konzern	Manager
Sportartikel-Konzern	HR-Manager
Konzern (Pharma)	Manager

© Springer Fachmedien Wiesbaden GmbH, ein Teil von Springer Nature 2019
D. Lindner, *KMU im digitalen Wandel*, essentials,
https://doi.org/10.1007/978-3-658-24399-9_4

Jede Studie wurde natürlich auf aktueller Literatur aufgebaut, allerdings wurde diese mithilfe des Roundtables in die Praxis übertragen und mit realen Beispielen der KMU-Entscheider veranschaulicht. Daraus konnten wir am Ende jeweils nützliche Tipps und strategische Impulse ableiten. Abb. 4.1 vermittelt einen Eindruck aus dem Roundtable. Eine genaue Beschreibung des Vorgehens habe ich in meiner Studie mit Christian Leyh (Lindner und Leyh 2019) vorgenommen.

Gemeinsam mit den Teilnehmern habe ich mich auf vier Themen der Studien festgelegt. Nach der Konsensentscheidung waren alle Teilnehmer bereit, die Studien nun für zwei Jahre zu unterstützen. In Tab. 4.2 finden sich die Ergebnisse der Studien.

Abb. 4.1 Eindruck aus dem Roundtable. (Quelle: D. Lindner)

Tab. 4.2 Themen der Studien in der Zusammenfassung

Thema	Studienergebnis
Arbeitsplatz (Studie 1)	Praktische Tipps, um Effizienzgewinne durch den Einsatz von Technologie am Arbeitsplatz in KMU zu erreichen
Arbeit 4.0 (Studie 2)	Praktische Tipps zu Arbeitsmodellen zur Erreichung einer höheren Effizienz in der Arbeitserledigung für KMU
Führung (Studie 3)	Guidelines zu Führungsmethoden im Zuge neuer Arbeitsmodelle mit Spezifika von KMU
Organisation (Studie 4)	Rahmenwerk zur Erhöhung von Agilität unter Berücksichtigung der Besonderheiten von KMU

Studie 1: Der digitale Arbeitsplatz – KMU zwischen Tradition und Wandel

5

KMU befinden sich oft in einem Zwiespalt: Einerseits sollen langjährige und erfolgreiche Methoden beibehalten werden und andererseits durch neue Ideen Effizienzsteigerungen erreicht werden. So stehen KMU auch in der Ausstattung des Arbeitsplatzes im Spannungsfeld zwischen Tradition und Wandel. Hintergrund ist, dass Mitarbeiter jeden Tag bis zu acht Stunden an ihrem gewohnten Arbeitsplatz sitzen. Aus diesem Grund können bereits kleinste Änderungen zu Verunsicherung führen und damit die Effizienz verringern. Auf der anderen Seite können jedoch durch vernetze und virtuelle Teams ebenfalls neue Effizienzpotenziale entfaltet werden. Wir haben deswegen eine Studie durchgeführt, welche die verwendete Soft- und Hardware in KMU untersucht und daraus Chancen und Potenziale ableitet (Lindner et al. 2017). Diese Studie wurde im Vorfeld gemeinsam mit Marko Ott und Dr. Christian Leyh durchgeführt und in der HMD-Praxis der Wirtschaftsinformatik veröffentlicht.

> **In dieser Studie lernen Sie**
> - Welche Hard- und Software verwenden KMU am Arbeitsplatz?
> - Welche Chancen hat diese Digitalisierung am Arbeitsplatz?
> - Welche Risiken hat diese Digitalisierung am Arbeitsplatz?

Motivation der Studie

Schon im Mittelalter konnte ein Schmied nur so gute Schwerter anfertigen, wie der Stahl und das Werkzeug es hergaben, die er besaß. Gleiches gilt bis heute. Aus diesem Grund beschränkt sich diese Studie auf die Ausstattung am Arbeitsplatz sowie die möglichen Chancen und Risiken, die sich mit zunehmender Software speziell für KMU ergeben.

© Springer Fachmedien Wiesbaden GmbH, ein Teil von Springer Nature 2019
D. Lindner, *KMU im digitalen Wandel,* essentials,
https://doi.org/10.1007/978-3-658-24399-9_5

Methodik – kurz und knapp

In dieser Studie wiederholen wir die Befragung von Bley und Leyh (2016) und befragen 24 Unternehmen nach ihrer aktuellen Hard- und Softwareausstattung. Anhand dieser Daten stellen wir dar, welche „Werkzeuge" KMU ihren Wissensarbeitern an die Hand geben. Im anschließenden Roundtable wollen wir diese Werkzeuge genau bewerten und daraus Chancen und Risiken für KMU ableiten.

Aktueller Stand der Literatur

Die Forschungen um den Arbeitsplatz in KMU sind keineswegs neu. Schon 1985 wurde von Bair der Einsatz von sogenannten Personal Computern untersucht (Bair 1985). So wurde bis 1995 überwiegend diskutiert, wie Textverarbeitungsprogramme wie Word und Excel den Alltag in KMU unterstützen können. Seit 2015 findet sich der Begriff „Digital Workplace" als Buzzword für die vorherige Diskussion um die „Computerisierung des Arbeitsplatzes" (vgl. Urbach und Ahlemann 2016). Aktuelle Studien, die unter dem Begriff „Digital Workplace" zusammengefasst werden, untersuchen die zunehmende Mobilität des Arbeitsplatzes und die daraus resultierenden virtuellen Teams sowie auch Datenschutz und Technostress durch ständige Erreichbarkeit.

Hintergrund der Befragung

Bereits 2016 hat die Studie von Bley und Leyh gezeigt, dass die Digitalisierung in KMU rasant zunimmt. Mit einem fast identischen Fragebogen haben wir die Studie wiederholt, allerdings mit dem Fokus auf Kleinstunternehmen. Wir wollten zeigen, dass die kleinsten Unternehmen, die oft das geringste Budget haben, ebenfalls mit einer hohen Geschwindigkeit digitalisieren. Im Rahmen der Datenerhebung wurden deswegen zu 75 % Kleinstunternehmen mit weniger als 20 Mitarbeitern befragt.

Hardwareausstattung am Arbeitsplatz

Mit Blick auf die erste Statistik in Abb. 5.1 zeigt sich, dass die befragten Unternehmen auf mobile Hardware setzen. So hat der Anteil von Smartphones und Laptops im Vergleich zu 2016 massiv zugenommen. Auch Tablets waren 2016 noch kaum vorhanden und sind nun in der Mehrzahl der Unternehmen Teil der IT am Arbeitsplatz. Die Unternehmen haben vorrangig das Ziel, mit der mobilen Hardware eine Voraussetzung für eine flexiblere Arbeit zu schaffen.

Softwareausstattung am Arbeitsplatz

Ähnlich sind die Ergebnisse bei der eingesetzten Software (Abb. 5.2). So sind typische Anwendungsprogramme bei allen 24 Teilnehmern so gut wie immer

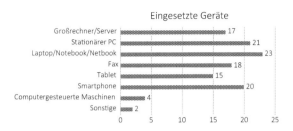

Abb. 5.1 Hardwareausstattung der 24 Studienteilnehmer. (Lindner et al. 2017)

vorhanden. Auch findet sich eine hohe Anzahl an betriebswirtschaftlichen Programmen, die wir genauer untersucht haben. So werden klassische Prozesse wie Angebotserstellung, Buchhaltung etc., also Verwaltungsaufgaben von Unternehmen, durch Software unterstützt.

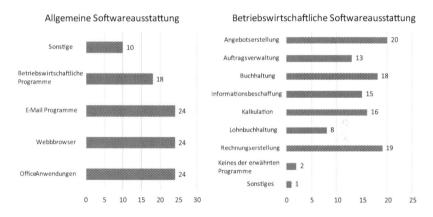

Abb. 5.2 Softwareausstattung der 24 Studienteilnehmer. (teilweise aus Lindner et al. 2017)

Was auffällt, ist, dass beispielsweise 20 Teilnehmer ein Tool zur Angebotserstellung verwenden, aber nur 13 ein Tool zur Verarbeitung. Daraus lässt sich ableiten, dass die Digitalisierung bei den befragten KMU oft nicht vollständig entlang der gesamten Wertschöpfungskette umgesetzt wurde. Somit befinden sich die befragten KMU oft noch mitten in der Prozessdigitalisierung. Ein Beispiel dazu finden Sie im nächsten Absatz.

Beispiel

Beispiel der (Teil-)Digitalisierung eines Prozesses
In der Studie wurden bei vielen Unternehmen Softwaretools zur Unterstützung einzelner Tätigkeiten gefunden. Wir haben diese am Beispiel der typischen Bürotätigkeiten näher untersucht.

Nun stellen Sie sich vor, dass ein Tool existiert, um Rechnungen zu erstellen, wie auch ein Tool, um die Zahlungseingänge zu verwalten. Jedoch fehlt ein Tool, um die Aufträge zu verwalten. In diesem Szenario würde also ein Mitarbeiter die Rechnungen über ein Tool erstellen, die anschließend ausgedruckt und analog archiviert werden. Anschließend würde ein weiterer Mitarbeiter diese in einem Tool vermerken, das Zahlungseingänge nachverfolgt. Somit findet sich ein Bruch zwischen digital und analog. Sicher haben Sie auch schon oft einen Antrag online durchgeführt, ausgedruckt und sind damit in eine Behörde gegangen. Dies ist für Mitarbeiter oft mühsam, allerdings ein notwendiger Schritt, da ein Prozess nicht von heute auf morgen digitalisiert werden kann. Es ist deswegen wichtig, Mitarbeitern die Notwendigkeit dieser Teildigitalisierung näherzubringen.

Chancen des digitalen Arbeitsplatzes: Schnell und flexibel
Um die Chancen und Risiken des digitalen Arbeitsplatzes zu evaluieren, haben wir sieben Teilnehmer zu einem Roundtable versammelt und zeigen im Folgenden die Ergebnisse. Da ich in dieser Studie den Arbeitsplatz gleichwertiger Mitarbeiter vergleichen wollte, habe ich bewusst auf die Teilnehmer im Praxispartnerpool verzichtet und im Zuge einer Projektmanagement-Konferenz Teilnehmer mit dem gleichen Aufgabengebiet, nämlich dem Projektmanagement-Office (PMO), versammelt. Somit waren die Aussagen besser vergleichbar. Die Teilnehmer waren Consultants, Führungskräfte, Projektleiter wie auch Portfoliomanager aus dem PMO-Umfeld. Tab. 5.1 zeigt die Teilnehmer des Roundtables.

Tab. 5.1 Teilnehmer des Roundtables. (Auszug aus Lindner et al. 2017)

Unternehmen	Position	Anzahl MA
Logistikdienstleister	Teamleiter PMO	30000
Finance	Teamleiter PMO	188000
IT-Dienstleister	Consultant PMO	100
Handelsunternehmen	Projektleiter	Knapp 500
Handelsunternehmen	Projektleiter	Knapp 500
Logistikdienstleister	Portfoliomanager	65000
Textilbranche	Teamleiter PMO	14000

Der digitale Arbeitsplatz ist für die Teilnehmer kein Phänomen der Zukunft, sondern bereits heute ein wichtiges Thema. So bestätigt der Teamleiter des PMO eines Finanzunternehmens, dass die „Arbeitswelt von morgen […] Arbeit 4.0 [ist]", aber auch „die Gegenwart bereits durch diese Entwicklung geprägt wird". Auch zeigt sich bei allen Teilnehmern eine hohe Offenheit und Neugier in Bezug auf den digitalen Arbeitsplatz. Chancen sind laut den Teilnehmern, dass durch Softwaretools eine schnelle Kommunikation gewährleistet ist.

> Laut dem Teamleiter aus der Textilbranche wurden vor ca. 5 Jahren noch 3–4 große Aufgaben pro Woche bearbeitet, wohingegen bereits heute bis zu 200 Einzelaufgaben pro Woche normal sind.

Die Teilnehmer sehen dies als Chance für eine höhere Agilität durch eine schnellere und kurzzyklische Kommunikation. So sagt der Projektleiter des Handelsunternehmens: „Wir können uns nicht dagegen wehren, die Tools kommen, die Welt wird schneller, die Kunden werden schneller, alles vernetzt sich, alles tauscht sich aus."

Als nach den Potenzialen der Vernetzung am Arbeitsplatz gefragt wird, sagt der Portfoliomanager der Logistikbranche: „Ich sehe unter Digitalisierung einfach Möglichkeiten, die es vor 10 Jahren noch nicht gab, wie ich die einsetze, ist aber immer noch mir selber überlassen. Es gibt überhaupt erst mal die Möglichkeit, dass ich wie gesagt von zu Hause aus arbeiten kann. Ohne die Digitalisierung wäre das schlicht mal nicht machbar." So zeigen die Teilnehmer folgende Fallbeispiele auf:

- Ein in Indien sitzendes Entwicklungsteam, mit dem die Kommunikation nur über Jira und E-Mail sowie Skype abläuft,
- ein verteiltes Team an verschiedenen Standorten, das zwei Regeltermine für ein Treffen im Monat hat und über Websessions virtuell zusammenarbeitet,
- Treffen finden häufig mithilfe mobiler Technologien an einem neutralen Ort, wie einem Café, zwischen den Standorten statt.

Weiterhin glauben die Teilnehmer, dass mit zunehmender Digitalisierung mehr Flexibilität in Bezug auf Arbeitsort und -zeit geschaffen wird. Speziell der Wunsch, die Arbeitszeit mit den Kitazeiten der Kinder oder den Zeiten des Kunden (Bsp. Indien) zu vereinbaren, wird betont. Auch könnten beispielsweise durch Home-Arbeitsplätze Mitarbeiter nach Standortauflösungen gehalten bzw. Fachkräfte auch außerhalb des Standorts rekrutiert oder in Teamarbeit einbezogen werden. Als ein weiteres Beispiel kann die folgende Aussage des Teamleiters des Finanzunternehmens genommen werden:

> Als Vater von einem Sohn mit 2 Jahren möchte ich einfach mehr Zeit mit ihm erleben, dies aber im Gleichklang sozusagen mit Fortschritt in der Arbeit hinbekommen.

Risiken des digitalen Arbeitsplatzes: Reizüberflutung und Technostress
Natürlich birgt der digitale Wandel in KMU nicht nur Chancen, sondern auch Risiken. So steigt die Anforderung an die Selbstorganisation zur Regulierung der Reizüberflutung von Mitarbeitern. Beispielsweise erreicht einen Wissensarbeiter mittlerweile eine massive Anzahl an E-Mails und weiterer toolinterner Nachrichten oft zur gleichen Zeit. Auch läuft die Kommunikation so gut wie immer über mehr als einen Kanal gleichzeitig (Benachrichtigung über Skype, dass eine E-Mail gesendet worden ist). Dies führt dazu, dass trotz der hohen Anzahl von Einzelaufgaben jede einzelne mit einer gewissen Qualität und Fokussierung gelöst werden sollte. Die Beispiele der Teilnehmer sind wie folgt:

- Nachrichten werden oft nur in Kleinbuchstaben geschrieben und E-Mails meist unvollständig gesendet, sodass mehrere E-Mails nachgesendet werden.
- Vor einigen Jahren konzentrierte sich ein Mitarbeiter oft explizit auf eine Aufgabe, während heute wenige Aufgaben wirklich beendet werden, weil während der Bearbeitung direkt neue Aufgaben hinzukommen.

Ein weiterer Punkt ist laut den Teilnehmern die ständige Erreichbarkeit, die zu sogenanntem Technostress führen kann. Einige der Roundtable-Teilnehmer nehmen beispielsweise den Firmenlaptop mit nach Hause oder ins Wochenende. Auch besitzen fast alle Teilnehmer kein privates Smartphone mehr (Firmensmartphone mit privater Nutzung) und geben zu, oft ganztags (u. a. in der Kneipe und auf dem Sofa zu Hause) E-Mails zu lesen. Laut den Teilnehmern sind allerdings Schutzmechanismen (z. B. E-Mail-Server abschalten) nicht sinnvoll, da dadurch die hürdenlose Arbeit eingeschränkt würde, weshalb es die Aufgabe jedes einzelnen Mitarbeiters sei, sich um die Vermeidung von Technostress selbst zu kümmern.

Handlungsempfehlungen für KMU
Aus dem Roundtable lassen sich spannende Erkenntnisse für KMU ableiten. Schon die Befragung hat gezeigt, dass KMU aktuell die technischen Voraussetzungen schaffen und die Ausstattung von Technologie am Arbeitsplatz deutlich steigern. Dies kann zu Chancen und Risiken führen, die in Abb. 5.3 zusammengefasst sind.

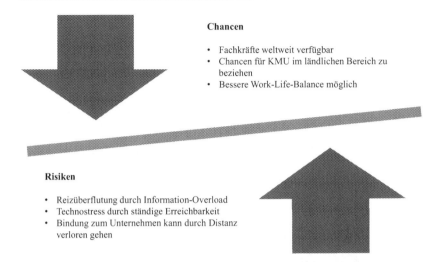

Chancen

- Fachkräfte weltweit verfügbar
- Chancen für KMU im ländlichen Bereich zu beziehen
- Bessere Work-Life-Balance möglich

Risiken

- Reizüberflutung durch Information-Overload
- Technostress durch ständige Erreichbarkeit
- Bindung zum Unternehmen kann durch Distanz verloren gehen

Abb. 5.3 Chancen und Risiken des digitalen Arbeitsplatzes. (Lindner et al. 2017)

So ergeben sich Chancen, die besten Fachkräfte weltweit zu konsultieren und auch außerhalb des Standorts Mitarbeiter an sogenannten Home-Arbeitsplätzen zu beschäftigen. Auch können Fachkräfte sogar weltweit einbezogen werden. Dies kann vor allem Weltmarktführern (Hidden Champions) die Arbeit deutlich erleichtern. Ein weiterer und sehr wichtiger Punkt ist die Chance auf eine verbesserte Work-Life-Balance, welche die Attraktivität eines Unternehmens für Fachkräfte deutlich steigern kann.

Neben den zahlreichen Chancen ergeben sich aber auch zahlreiche Risiken, die vor allem durch die ständige Erreichbarkeit hervorgerufen werden können. Dies hat laut den Teilnehmern zwei Gründe:

- Die zahlreichen Nachrichten, die über verschiedenste Tools (Beispiel: 100 E-Mails, 50 Chatnachrichten, 30 Jira-Notifications) gesendet werden,
- die ständige Erreichbarkeit durch beispielsweise ein Firmensmartphone bzw. die private Nutzung des Firmensmartphones.

So kann u. a. abends in der Kneipe oder im Urlaub auf E-Mails zugegriffen werden. Dies trägt zu der Tatsache bei, dass kaum noch wirkliche Erholung stattfinden kann. Auch kann dauerhafte Remote-Arbeit (dauerhafter Aufenthalt an einem anderen Standort oder im Homeoffice) laut den Teilnehmern die Bindung zum Unternehmen auflösen, was zu Kündigungen führen kann. Unser Tipp für KMU-Entscheider ist daher, bei zunehmender Digitalisierung entsprechende Mechanismen zum Schutz der Mitarbeiter zu finden und bei Remote-Arbeitsplätzen persönliche Treffen sicherzustellen.

Studie 2: Arbeit 4.0 – Konzepte für die Arbeitsgestaltung in KMU

Die Veränderung unserer Arbeitswelt wird gern unter dem Begriff „Arbeit 4.0" diskutiert. Da es sich um einen Marketingbegriff aus der Praxis handelt, der kurz und knapp gesagt die Digitalisierung der Arbeitswelt umfasst, ist schwer zu fassen, welche Konzepte eigentlich damit verbunden sind. Es gilt deswegen den Begriff und die Konzepte für Arbeit 4.0 für KMU in dieser Studie zu betrachten und voneinander abzugrenzen (Lindner et al. 2016). Anschließend sollen konkrete Umsetzungsansätze für KMU aus dieser abgeleitet werden. Diese Studie wurde im Vorfeld gemeinsam mit Jun-Prof. Dr. Thomas Ludwig und Prof. Dr. Michael Amberg durchgeführt und in der HMD-Praxis der Wirtschaftsinformatik veröffentlicht.

> **In dieser Studie lernen Sie:**
> - Was bedeutet Arbeit 4.0?
> - Welche weiteren Begriffe gibt es?
> - Was bedeutet Arbeit 4.0 für ein KMU?
> - Wie kann Arbeit 4.0 in einem KMU umgesetzt werden?

Motivation der Studie

Die Umsetzung der Digitalisierung in vielen Unternehmen führt zu einer erhöhten Komplexität, was auch eine Diskussion über Arbeitsmodelle mit sich bringt. So gibt es zwar schon lange eine Diskussion um agile Methoden, allerdings spiegelt diese nur einen Teil des komplexen Themas der Arbeit in Unternehmen wider. Mit Blick in die aktuelle Literatur findet sich deswegen ein großer Pool an Begriffen wie New Work, Arbeit 4.0, agile Arbeit und vieles mehr. Es ist kaum noch möglich, diese genau zu unterscheiden und daraus relevante Punkte für das eigene Unternehmen abzuleiten.

© Springer Fachmedien Wiesbaden GmbH, ein Teil von Springer Nature 2019   21
D. Lindner, *KMU im digitalen Wandel,* essentials,
https://doi.org/10.1007/978-3-658-24399-9_6

Methodik – kurz und knapp
Da die Begriffe um Arbeit 4.0 aktuell sehr wenig definiert und kaum voneinander unterscheidbar sind, wird im ersten Schritt eine recht detaillierte Literaturanalyse vorgenommen. Diese stelle ich allerdings nur sehr kurz dar. Ich möchte mich auf die konkreten Ergebnisse beschränken und auch die KMU-spezifischen Besonderheiten im Zuge der Arbeit 4.0 aufzeigen. Es werden vorwiegend die Ergebnisse aus dem Roundtable mit KMU-Entscheidern, Konzernen und einer Gewerkschaft dargestellt.

Arbeit 4.0 in Theorie
Arbeit 4.0 ist der Oberbegriff für die Digitalisierung der Arbeitswelt. Weiterhin finden sich in Magazinen und der Literatur viele Unterbegriffe, die spezifische Szenarien um die Arbeitswelt beschreiben. In Tab. 6.1 finden sich kurz und knapp die Fokusthemen der einzelnen Begriffe. Im Roundtable wurde der Begriff des digitalen Arbeitsplatzes nicht diskutiert, da dieser in Studie 1 schon intensiv untersucht worden ist. Ich führe ihn allerdings der Vollständigkeit halber auf.

Arbeit 4.0 in der Praxis
Um einen Eindruck zu bekommen, wie diese Konzepte in der Praxis umgesetzt werden, haben wir in der Studie also einen Roundtable durchgeführt und nacheinander über alle Begriffe gesprochen. Tab. 6.2 zeigt die Teilnehmer des Roundtables.

Tab. 6.1 Begriffe um die Digitalisierung der Arbeitswelt. (Lindner et al. 2018)

Begriff	Erklärung im Kontext des Beitrags
Arbeit 4.0	Oberbegriff zum Einfluss der Digitalisierung auf Arbeit bzw. Zukunft der Arbeitswelt bzw. Marketingbegriff
Digitaler Arbeitsplatz/Digital Workplace	Untersuchung der Verbreitung und des Einflusses von Technologie auf den individuellen Arbeitsplatz von Mitarbeitern
New Work/Smart Working	Orts- und Zeitflexibilisierung von Arbeit (u. a. Homeoffice etc.) mit Fokus auf Arbeitsmodelle
Future Work/Activity Based Working	Moderne Büro- und Gebäudekonzepte
Agile Arbeit/Arbeit mit agilen Methoden	Arbeit mit agilen Methoden wie Scrum

Da Arbeit 4.0 der übergreifende Sammelbegriff ist, haben wir diesen zuerst für unsere Runde definiert:

- Arbeit 4.0 ist agil.
- Arbeit 4.0 braucht Freiraum.
- Arbeit 4.0 basiert auf Freiwilligkeit.
- Führung von Arbeit 4.0 muss einem „Anleiten" weichen.
- Arbeit 4.0 wird künftig dynamischer und kurzzyklischer.
- Arbeit 4.0 wird digital unterstützt.

Arbeit 4.0 wird also immer mit Agilität und Freiwilligkeit verbunden. So sagt die Managerin des Sportartikelherstellers: „Also, für mich ist das die erste Assoziation mit Arbeit 4.0 ist so der Wechsel von ‚Arbeit als Pflicht/Muss' zu ‚Ich kann was gestalten, ich empfinde einen Sinn'." Auch wird der Begriff mit digitalen Technologien verknüpft. So sagt der agile Coach des IT-Konzerns: „Also, diese Digitalisierung begünstigt die Geschwindigkeit. Hätten wir noch Bleistift, Papier und Post, wäre das nicht gewesen." Auch sollen klassische Führungsinstrumente in der Arbeit 4.0 nicht effizient sein. Dieses Thema wird allerdings in Studie 3 intensiver behandelt.

▷ Übergreifend ist damit Arbeit 4.0 eine digitale, freiwillige Arbeit, die dynamisch und kurzzyklischer ist.

New Work – Orts- und Zeitflexibel
Weiterhin wird die Orts- und Zeitflexibilität von Arbeit mit Fokus auf die Erhöhung der Work-Life-Balance unter dem Begriff New Work (Abb. 6.1) diskutiert.

Tab. 6.2 Teilnehmer des Roundtables. (Auszug aus Lindner et al. 2018)

Unternehmen	Position	Anzahl MA
Gewerkschaft	Vorstand (IT)	–
IT-Dienstleister (E-Commerce)	Geschäftsleitung	80
Produktionsunternehmen	Aufsichtsrat	110
IT-Dienstleister (Rechenzentrum)	Vorstand	180
Konzern (IT)	Agile Coach	7000
Konzern (IT)	Manager	7000
Konzern (Sport)	Vorstand	55000

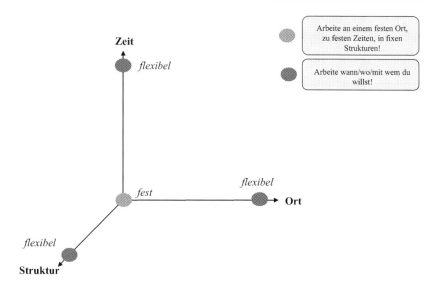

Abb. 6.1 Die Vision der New Work: Arbeite wann, wo und wie du willst. (Lindner et al. 2018)

▶ Die Vision der New Work besagt: „Arbeite wo du willst, wann du willst und mit wem du willst".

Zwingend notwendig für die Umsetzung von New Work ist jedoch laut den Teilnehmern die digitale Vernetzung von Mitarbeitern. Abb. 6.1 zeigt die Idee von New Work auf. In der Vergangenheit wurde Arbeit an einem Ort, zu einer festen Zeit und in einem festen Team durchgeführt. Als Beispiele können hier Kernzeiten (Bsp. 9:00–17:30), die zwingende Anwesenheit auf dem Werksgelände bzw. am Schreibtisch wie auch die feste Zuordnung zu einem Team in der hierarchischen Organisation genannt werden. Die Vision der New Work ist, dass Arbeit von jedem Ort und zu jeder Zeit durchgeführt werden kann und sich durch digitale Vernetzung Teams dynamisch oder projektbasiert verändern können.

In der Praxis empfinden die KMU-Entscheider die Vision als sinnvoll. Speziell für KMU besteht die Chance, mit solchen Konzepten Fachkräfte langfristig zu binden. So sagt ein Teilnehmer im Roundtable:

Also 30 % sind im Schnitt [im Homeoffice]. Und […] Homeoffice [ist] natürlich kein Problem [und …] wird oft auch genehmigt. Und Arbeitszeiten sind bei uns auch gelockert. Es gibt keine Kernarbeitszeit, man kann kommen, wann man will bei uns (Agile Coach des IT-Konzerns).

Mit New Work verbinden die Teilnehmer ebenfalls die freie Auswahl der Arbeits-geräte, da vor allem mobile Hard- und Software eine wichtige Voraussetzung für eine Orts- und Zeitflexibilität von Arbeit ist. Mit zunehmender Umsetzung von Homeoffice und flexiblen Arbeitszeiten wird laut den Teilnehmern eine Locke-rung von Ort und Zeit der Arbeit begünstigt. Doch speziell die Dimension Struk-tur wurde von den Teilnehmern massiv diskutiert. Die Teilnehmer warnen, dass Agilität und räumliche Distanz nicht nur Vorteile mit sich bringen. So sagt der IT-Leiter des E-Commerce-Dienstleisters: „Agiles Arbeiten setze ich immer auch mit Teamarbeit gleich. Und bei Teamarbeit dann zu sagen: Der Ort löst sich auf, die Zeit löst sich auf. Dann löst sich auch ein Team auf." Eine Idee kann eventuell der Ansatz des Activity Based Working sein.

Activity Based Working
Dieses Schlagwort behandelt moderne Büro- und Gebäudekomplexe, die für KMU oft als zu teuer und deswegen kaum umsetzbar gesehen werden. Die beiden Teilnehmer der Konzerne berichten von den ersten Erfahrungen der neuen „agilen Büros". So sagt die Managerin des Sportartikelherstellers:

> Jeder Tisch steht zur Verfügung, es wird nicht vorher gebucht, weil letztendlich macht es das System noch komplexer, wenn ich mir jetzt jeden Abend noch überlegen müsste: Wo sitze ich morgen? Das würde einfach zu viel Aufwand sein. Und so ist jeder Arbeitsplatz im Prinzip für jeden frei. Ich kann mich hinsetzen, wo ich möchte.

Natürlich ist es für KMU nicht machbar, viele Millionen Euro für ein neues Gebäude auszugeben. Auch reicht es nicht einfach ein Gebäude zu bauen. Die Konzerne berichten von umfangreichen Pilotstudien. So sagt der Manager des IT-Konzerns:

> [Wir haben] eine größere Etage angemietet und haben gesagt: ‚Lass uns das doch mal einfach ausprobieren.‘ Eineinhalb Jahre lang. Fast zwei Jahre lang. Und waren da einhundertzwanzig Leute und haben einfach […] Raumkonzepte erprobt.

Doch auch die Entscheider der KMU haben erste kleinere Pilotprojekte umgesetzt, die sich auf neue Bürokonzepte konzentrieren. Beispielsweise hat der Vorstand des Rechenzentrums bereits erste Ideen in seinem KMU verwirk-licht. Eine Chance für KMU wäre es also beispielsweise, eine Renovierung bestehender Räumlichkeiten durchzuführen und verschiedene Bereiche für eine bestimmte Arbeitsweise einzurichten. Ein Beispiel findet sich in der folgenden Abb. 6.2.

Abb. 6.2 Activity-Based-Working-Konzept. (Lindner et al. 2018, Bildquelle: noris network AG)

Agile Methoden und agile Arbeit

Es steht außer Frage, dass Arbeit mobiler, vernetzter und freier wird. Für alle Teilnehmer kann beispielsweise ein virtuelles Team oder Arbeit mit zunehmendem Homeoffice-Anteil effizienter mit agilen Methoden durchgeführt werden. Jedoch ist nicht die Methodenkenntnis das große Problem, sondern die Förderung einer internen Kultur, welche die Werte des agilen Manifests auch vertritt. Somit müssen alle Mitarbeiter bei flexibler Arbeit auch gemeinsam ein Set an Technologie nutzen. Selbst Mitarbeiter, die lediglich im Büro arbeiten, werden mit Homeoffice-Kollegen kommunizieren und Tasks über Tools wie Jira einstellen müssen. So stellt die Managerin des Sportartikelherstellers fest:

> Da bestehen Spannungen zwischen digital und analog. Das heißt, wir haben eine Generation X, […] die quasi ohne digitale Technologien aufgewachsen ist. Dann gibt es meine Wenigkeit, die jetzt die Generation Y ist, die digital geprägt ist. Das heißt, bis 18 hatte ich kein Smartphone.

Wie dieser Gap effizient gelöst werden kann, wird in Studie 3 vertieft.

Arbeit 4.0 in KMU

Die Diskussion zeigt, dass die Umsetzung der Arbeit 4.0 in KMU ein wichtiges Thema ist und schon lange diskutiert wurde, wofür allerdings erst jetzt die

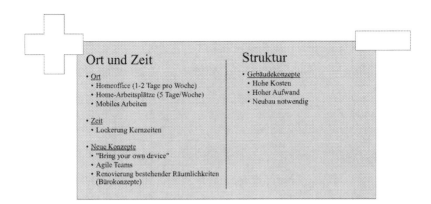

Abb. 6.3 Chancen und Risiken für KMU im Zuge der Arbeit 4.0. (Lindner et al. 2018)

notwendigen technischen Voraussetzungen geschaffen wurden. Es zeigt sich, dass alle Teilnehmer die Vision „Arbeite wann, wo und mit wem du willst" präferieren. Die folgende Abb. 6.3 zeigt die Zusammenfassung der Handlungsempfehlungen auf.

Damit diese höhere Ortsflexibilität erreicht werden kann, empfehlen die Teilnehmer, Homeoffice, mobile Arbeit und sogar Home-Arbeitsplätze zu etablieren. Ein Home-Arbeitsplatz ist in diesem Fall ein dauerhafter Aufenthalt (5 Tage pro Woche) im Homeoffice. Der Mitarbeiter ist hierbei nur zu bestimmten Terminen im Unternehmen, wohingegen er bei Homeoffice lediglich tageweise (beispielsweise jeden Freitag) von zu Hause arbeitet.

Weiterhin können Mitarbeiter auch mobil von jedem Ort arbeiten. Voraussetzungen dafür sind mobile Hardware wie beispielsweise ein Laptop und ein mobiles Zeiterfassungstool oder Vertrauensarbeitszeit. Auch die Beschaffung moderner IT und eine hohe Wahlfreiheit für die Mitarbeiter an Endgeräten (iPad, Macbooks etc.) kann in KMU aufgrund der kurzen Entscheidungswege schnell umgesetzt werden.

Als nicht umsetzbar sehen die Teilnehmer allerdings die neuen Bürokomplexe. Speziell die Frage der hohen Kosten durch einen Neubau schreckt die Entscheider der KMU ab. Somit sind moderne Bürokomplexe nur bedingt eine Lösung. Jedoch kann eine Renovierung bestehender Büroflächen eine Lösung für die Teilnehmer der KMU sein.

Kompakt auf einen Blick:

- KMU können Homeoffice und mobile Arbeit sowie Home-Arbeitsplätze für Mitarbeiter anbieten und somit attraktiver für Fachkräfte sein.
- Eine Lockerung von Kernzeiten kann in KMU meist schneller durchgesetzt werden als in Konzernen, weshalb die Work-Life-Balance für Mitarbeiter durch Gleitzeit verbessert werden kann.
- Durch kürzere Entscheidungswege können KMU Konzepte wie „Bring your own device" oder neuartige agile Methoden schneller ausprobieren als Konzerne.
- Neue Bürokonzepte sind oft mit einem Neubau verbunden und aufgrund des kleineren Budgets von KMU für diese schwer umsetzbar. Jedoch können bestehende Räumlichkeiten renoviert werden.

Studie 3: Digital Leadership in KMU – Was sagen Führungskräfte?

Führung unterliegt seit jeher dem Umgang mit wechselnden Herausforderungen. War es noch im Taylorismus die Aufgabe einer Führungskraft, die optimale Leistung von Mitarbeitern und Maschinen zu fördern, stehen Führungskräfte heute immer wieder vor neuen Herausforderungen wie der Globalisierung (Diversity). Eine weitere Herausforderung, die aktuell auf der Agenda von Führungskräften steht, ist die zunehmende Digitalisierung. In dieser Studie wird evaluiert, welche neuen Herausforderungen durch die Digitalisierung auf Führungskräfte zukommen und welche spezifischen Tipps Führungskräften in KMU gegeben werden können (Lindner und Greff 2018). Diese Studie wurde im Vorfeld gemeinsam mit Tobias Greff durchgeführt und in der HMD-Praxis der Wirtschaftsinformatik veröffentlicht.

In der Studie lernen Sie:
- Was ist Digital Leadership?
- Was sind spezielle Herausforderungen für Führung im Zuge der Digitalisierung?
- Was sind Lösungsansätze für diese?
- Was sind spezielle Tipps für KMU?

Motivation der Studie

Der digitale Wandel scheint Führung neu definieren zu wollen. Viele von Ihnen haben sich sicherlich Tipps und Hinweise zur agilen oder digitalen Leadership durchgelesen oder sogar Seminare besucht. Dort haben Sie erfahren, was eine Führungskraft im digitalen Wandel ausmachen sollte. Doch was verlangen

© Springer Fachmedien Wiesbaden GmbH, ein Teil von Springer Nature 2019
D. Lindner, *KMU im digitalen Wandel,* essentials,
https://doi.org/10.1007/978-3-658-24399-9_7

Führungskräfte eigentlich von sich selbst? In dieser Studie werden die Erkenntnisse von Führungskräften gesammelt und im Kontext von KMU ausgewertet.

Methodik kurz und knapp
Um das Thema sinnvoll zu limitieren, wurde im ersten Schritt eine Gruppendiskussion durchgeführt, welche die Herausforderungen von Führung im Zeitalter der Digitalisierung identifiziert. So sollten die Teilnehmer aus dem Praxispartnerpool im Konsens spezifische Herausforderungen aus ihrem Berufsleben priorisieren und beschreiben. Anschließend wurden Lösungsansätze hierfür in der Literatur gesucht und mit 66 Führungskräften (ca. 50 % KMU) evaluiert. Aus den Ergebnissen wurden anschließend spezifische Ausreißer der befragten KMU-Führungskräfte ausgewertet.

▶ Digital Leadership ist eine Querschnittskompetenz sowie ein Sammelbegriff für verschiedene Methoden, Theorien und Werkzeuge, welche die Führung und insbesondere die Führungskompetenz im digitalen Zeitalter beschreiben.

Drei Herausforderungen für Führungskräfte
Im ersten Schritt der Studie haben wir mit den Praxispartnern der Studie neue Herausforderungen an Führung identifiziert. Im Konsens ergaben sich drei konkrete Themen, die im Folgenden näher erläutert werden. Im Anschluss an diese präsentiere ich konkrete Erkenntnisse aus der Studie, die als Guidelines bzw. Lösungsansätze für diese Herausforderungen gelten. Um ebenfalls auf die spezifische Führung in KMU einzugehen, haben wir in der Studie die Ergebnisse erneut für KMU ausgewertet. Dieser Roundtable wurde im Anschluss an den Roundtable in Studie 2 durchgeführt, weshalb die gleichen Teilnehmer anwesend waren (siehe Tab. 6.2).

Die Herausforderungen auf einen Blick
- **Generationenorientierte Führung:** In Unternehmen existieren zunehmende Generationenkonflikte. Führungskräfte müssen sowohl Digital Natives wie auch digitale Verweigerer führen als auch generationsspezifische Arbeitsräume/-methoden schaffen.
- **Virtuelle Führung:** Mitarbeiter in Unternehmen arbeiten zunehmend mehr im Homeoffice oder verteilt über mehrere Standorte, was eine Remote-Führung verlangt. Hier ist die Führung mithilfe von Technologie auf Distanz notwendig.

- **Agile Führung:** Die zunehmende Zahl agiler Teams (z. B. Scrum) verlangt eine agilere Führung, die noch nicht genau definiert ist. Diese Förderung von Selbstorganisation ist geprägt sowohl durch den Charakter als auch das Leitbild einer Führungskraft.

Generationenorientierte Führung

In meinem Roundtable sagte die Managerin des Sportartikelherstellers zu diesem Thema:

> Wir haben eine Generation X, […] – quasi die meisten hier im Raum – die […] ohne digitale Technologien aufgewachsen sind. Dann gibt es meine Wenigkeit, die jetzt die Generation Y ist, die digital geprägt ist […] [und] jetzt kommt eine Generation Z, die nun vollkommen digital ist.

Die Teilnehmer sind sich einig, dass in Unternehmen verschiedenste Generationen existieren, die jeweils eine unterschiedliche Affinität zur Digitalisierung haben. In der Literatur wird dies gern unter „Generation X, Y, Z" zusammengefasst. Die Idee hinter dieser Gruppierung ist, dass wie bereits im Zitat gesagt, die verschiedenen Jahrgänge unterschiedlich mit Technologie aufgewachsen sind. In Tab. 7.1 findet sich eine Übersicht der drei Generationen.

Jahrelang war die Arbeitswelt auf die Bedürfnisse der Generation X ausgerichtet und Arbeits- sowie Privatleben strikt getrennt. Es steht außer Frage, dass die Generation Y und Z eventuell nicht vollkommen zufrieden mit dieser Trennung sind. In der Befragung haben wir mit den Führungskräften Methoden zur Führung von Generationen evaluiert. So wurde beispielsweise die Effizienz von Homeoffice, agiler Teamarbeit oder Remote-Arbeit im Kontext des digitalen

Tab. 7.1 Einordnung der Generationen. (Lindner und Greff 2018)

	Merkmale	Arbeit ist…	Digitale Reife
Generation X (1965 bis 1980)	Anpassungsfähig, pragmatisch, unabhängig	Kontrakt	Analoge Orientierung
Generation Y (1980 bis 1995)	Kritisch, optimistisch, Multitasking	Mittel zum Zwecke einer sinnhaften Erfüllung	Digital geprägt
Generation Z (1995 bis 2010)	Engagiert, offen, schnell	Spaß, unsicher, unklar	Digital aufgewachsen

Reifegrades abgefragt. Wir konnten konkrete Empfehlungen aus den Studienergebnissen ableiten.

- **Verstehen:** Generation X, Y und Z stehen für Mitarbeiter in drei Phasen der digitalen Affinität – Einsteiger, Fortgeschrittene und Digital Natives. Es wird empfohlen, Wissen über die einzelnen Generationen aufzubauen.
- **Individuell bewerten:** Nicht jeder Mitarbeiter lässt sich klar in eine Generation einordnen bzw. nicht immer ist ein älterer Mitarbeiter ein Einsteiger in der Digitalisierung.
- **Akzeptanz nutzen:** Neue flexible Arbeitskonzepte werden in der Tendenz generationenübergreifend geschätzt und bieten somit den idealen Ansatzpunkt.
- **Mitarbeiterorientierung:** Eine Generationenmanagement-Guideline ersetzt keine individuelle Mitarbeiterführung, bietet jedoch eine Orientierungsrichtlinie.
- **Effizienter durch IT:** Der koordinierte Einsatz der genannten Maßnahmen bietet Effizienzpotenziale. Es empfiehlt sich, die Offenheit der digital affinen Mitarbeiter für das softwaregestützte Arbeiten sowie agile Teams, virtuelle und Remote-Arbeit zur Minimierung von Reisezeiten oder Prozessoptimierung zu nutzen.
- **Fachkräfte:** Im Hinblick auf den Fachkräftemangel könnten generationenorientierte Benefits wie Homeoffice und mobile Arbeit ein Vorteil im Werben um Fachkräfte sein.
- **Anwenden:** Generationenmanagement ist ein Führungsinstrument. Diversity in Teams bezüglich der Generationen kann bei richtiger Führung das Innovationspotenzial und die Flexibilität eines Teams steigern. Die Bildung von Teams aus gleichen Generationen hebt dagegen Effizienzpotenziale.
- **Strukturplan:** Es kann förderlich sein, die Zusammenarbeit der Generationen an den Schnittstellen im Alltag zu planen. Klare Regeln für die Nutzung generationenspezifisch effektiver Instrumente oder damit einhergehende permanente Verfügbarkeiten (Onlinezeiten, E-Mail-Taktung) zur Sicherung der Work-Life-Balance werden empfohlen.

Virtuelle Führung

Im Zuge der virtuellen Führung wird auf die Tatsache eingegangen, dass Mitarbeiter zunehmend an verschiedenen Standorten sowie im Homeoffice arbeiten. Somit befinden sich Führungskräfte abstrakt gesehen in einer Art virtuellem Raum. Abb. 7.1 zeigt genau einen solchen virtuellen Raum anhand einer Führungskraft. Der Teamleiter muss mit Team, Führungskraft und Fachabteilung fast ausschließlich über E-Mail, Chat und Telefon kommunizieren.

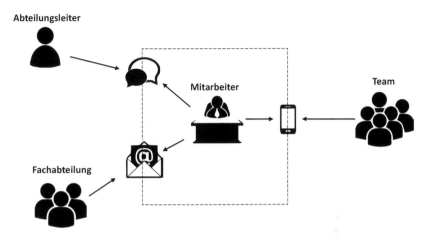

Abb. 7.1 Führungskräfte im virtuellen Raum. (Lindner und Greff 2018)

Das in Abb. 7.1 gezeigte Szenario ist durch die Etablierung mehrerer Standorte sowie Homeoffice in vielen Unternehmen bereits heute Tatsache. So merkt der Agile Coach des IT-Konzerns an, dass „im Schnitt 30 % der Mitarbeiter im Homeoffice sind". Jedoch ist dieses Szenario nicht ohne Risiken, weshalb eine „virtuelle Führung" von den Teilnehmern gefordert wird. So warnt der IT-Leiter des E-Commerce-Dienstleisters: „Der Ort löst sich auf, die Zeit löst sich auf. Dann löst sich auch ein Team auf."

Es gilt deswegen für eine Führungskraft, sowohl die Motivation als auch die Aufgabenerledigung in virtuellen Räumen mithilfe von Softwaretools sicherzustellen. Mit den Führungskräften wurden deswegen Lösungsansätze evaluiert, aus denen im Folgenden konkrete Handlungsempfehlungen abgeleitet werden konnten.

- **Bewusstsein schaffen:** Laut der Studie gewinnt virtuelle Führungskompetenz zunehmend an Bedeutung. Mehr als 90 % der Arbeitnehmer sind permanent digital erreichbar. In mehr als 55 % der Fälle ist eine virtuelle Führung zwingend.
- **Selbststudium und Weiterbildung:** Mehr als 50 % der Führungskräfte sind überzeugt, dass sie bereits durch einzelne Weiterbildungsmaßnahmen deutlich besser führen.
- **Austausch:** Die befragten Führungskräfte empfehlen externe Hilfe und nutzen den Austausch mit internen sowie externen Kollegen.

- **Teambuilding:** Auch virtuelle Teams müssen sich formen. Erste reale und punktuelle Treffen sind stark förderlich.
- **Aufgaben passend delegieren:** Abhängig vom Kanal und der virtuellen Kommunikation ist die passende Arbeitspaketgröße zu wählen. Virtuelle Teammeetings werden häufig zur Statusmeldung und Kontrolle genutzt. Reale Teammeetings werden häufiger zur kreativen Entfaltung genutzt.
- **Mitarbeiter coachen und motivieren:** Die Motivation der Mitarbeiter in einem virtuellen Arbeitsverhältnis und das Coaching wird als eine der wichtigsten Aufgaben der Führungskraft angesehen.
- **Konkrete Ziele:** Es wird empfohlen, virtuelle Teams über Ziele zu steuern. Regelmäßige Statusmeldungen sind als Instrument zur Zielkorrektur sinnvoll.
- **Klare Rollenverteilung:** In einem virtuellen Team könnten eine stabile Rollenverteilung sowie das Arbeiten nach Pull-Prinzip eine Führungskraft entlasten.
- **Mitarbeitern vertrauen:** Virtuelle Führung basiert laut den Teilnehmern auf Vertrauen. Es kann davon ausgegangen werden, dass die delegierten Arbeitspakete mit steigendem Vertrauen umfangreicher werden.
- **Aufgaben passend delegieren:** Abhängig vom Kanal und der virtuellen Kommunikation ist die passende Arbeitspaketgröße zu wählen. Virtuelle Teammeetings werden häufig zur Statusmeldung und Kontrolle genutzt. Reale Teammeetings werden häufiger zur kreativen Entfaltung genutzt, da sie durch die Präsenz Multitasking und Nebentätigkeiten unterbinden. Dies lässt die Übertragung größerer Aufgaben zu. Toolbasierte Aufgabenzuteilung (wie Ticketsysteme) ist am kleinteiligsten. Dazwischen liegen E-Mails und Telefonate. Zu wissen gilt: Virtuelle Führung braucht den richtigen Kanal für die entsprechende Arbeitspaketgröße.

Agile Führung

> Die Gesellschaft ist wesentlich kurzzyklischer geworden. Und das verlangt auch kurzzyklischeres Handeln. […] Jedes Vierteljahr muss wieder geprüft werden: Stimmt die Richtung noch? Müssen wir gegebenenfalls etwas anpassen? (Aufsichtsrat Produktionsunternehmen).

Diese Tatsache bringt eine steigende Zahl von agilen Teams mit sich und die Etablierung solcher soll von Führungskräften ein neues Leitbild fordern. Schon in der Literatur wird agile Führung als ein „Verhalten" oder „Mindset" beschrieben. Es geht heute also eher um den Charakter bzw. die Persönlichkeit einer Führungskraft als wie noch vor einigen Jahren um konkrete Führungsmethoden, welche in den Hintergrund rücken. Es geht also darum, die richtige Methode zur richtigen Zeit richtig anzuwenden. Im Roundtable stimmen die Teilnehmer der Aussage des

Vorstands der Gewerkschaft zu, dass „Führungskräfte eine sehr breite Methoden-qualifikation in Kombination mit Coaching aufbauen" sollten.
In der Literatur finden sich zahlreiche Beispiele, welche diese Leitbilder zeigen. Doch was glauben eigentlich die Führungskräfte selbst? Welches Leitbild wollen sie verfolgen? Die Ergebnisse finden Sie in Abb. 7.2.
Grundidee ist es, nicht völlig agil oder völlig unagil zu sein, sondern die richtige Balance zwischen den sogenannten alten und neuen Werten zu finden, sozusagen wie an einem Mischpult, an dem Sie gewisse Einstellungen wie Höhen oder Bass einstellen können. Auch den befragten Führungskräften wurden 14 Werte vorgestellt, welche diese anhand eines Schalters justieren konnten.

- **Basis:** Es gibt das einheitliche Verständnis, dass eine agile Führungskraft über soziale, technologische und visionäre Fähigkeiten verfügen sollte, die trainiert werden können.
- **Primärcharakteristika** sind Führung auf Augenhöhe, Vertrauen in Mitarbeiter, Experimente, Echtzeitinformationen und Inspiration fördern.
- **Sekundärcharakteristika** sind Echtzeitfeedback, Agilität vorleben, Partizipation und Change leben.
- **Basiskompetenzen** sind neue Trends antizipieren, agile Methoden, neue Arbeitskonzepte.
- **Sekundärkompetenzen** sind neue Technologien, neue Märkte, neue Medien, generationenorientiert führen, virtuell führen, Schnelligkeit, Mitarbeiter fördern statt fordern.
- **Weiterbildung:** Führungskräfte bilden sich in der Praxis regelmäßig per Internetrecherche, durch Konferenzbesuche oder den Austausch mit anderen Führungskräften weiter.
- **Trial and Error:** Da Learning by Doing für Führungskräfte die verbreitetste Lernmethode darstellt, wird geraten, das Führungsleitbild direkt an den Arbeitsalltag anzupassen. Experimentierfreude ist gefragt!

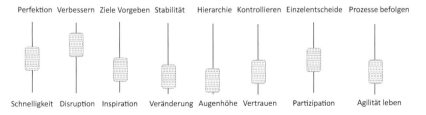

Abb. 7.2 Auszug aus dem agilen Führungsleitbild der Studie

Besonderheiten der Führung in KMU

Wie bereits zu Anfang gesagt, herrschen in KMU oft besondere Rahmenbedingungen, welche diese von Großunternehmen unterscheiden. Nun stellt sich die Frage, was spezielle Tipps der KMU-Führungskräfte sind. Hierzu wurden die Antworten der KMU separat ausgewertet und mit denen der großen Unternehmen verglichen. In erster Linie sind die Tipps der KMU-Experten nur geringfügig unterschiedlich, somit können alle Handlungsempfehlungen ihre Gültigkeit behalten.

> ▶ Digital Leadership ist eine eher unternehmensgrößenunabhängige Herausforderung. KMU unterscheiden sich aus Perspektive der Führungskräfte nur in wenigen Feinheiten.

Lindner und Greff (2018) vermuten, dass die Unterschiede oft daher folgen, dass Führungskräfte in KMU eher die Tendenz besitzen durch jahrelange Zugehörigkeit in eine Führungsrolle wachsen und dabei eher eine Hands-on Mentalität in der Führung erproben. Großunternehmen sind laut der beiden Autoren dagegen vermutlich eher durch Assessment-Center, Nachwuchsprogramme oder interne Schulungen geprägt.

KMU-spezifische Führung kurz und knapp

- **Generationenorientierte Führung in KMU:** Die Erfahrung im Umgang mit den Generationen Y und Z, welche in den befragten KMU häufiger vertreten waren, lässt die Vermutung zu, dass nicht alle zwingend digital und agil arbeiten wollen. Gerade deswegen sollte in KMU eine Vielfalt an traditionellen und neuen Arbeitskonzepten geboten werden.
- **Virtuelle Führung in KMU:** Laut den Ergebnissen existieren zwar bedeutend weniger virtuelle Teams in KMU als in Großunternehmen, allerdings wird die Zusammenarbeit über domänenspezifische Software und die stärker delegierende Aufgabenverteilung von KMU als deutlich effizienter bewertet.
- **Agile Führung in KMU:** Laut der Befragung setzen Führungskräfte in KMU stärker auf Stabilität und aggregierte Informationen. Auch gibt es eine höhere Gewichtung der Präferenz zu Führung auf Augenhöhe oder Fail-Fast-Ansätzen, welche in KMU somit empfohlene primäre Charakteristika darstellen.

Fragen Sie ein Unternehmen, was aktuell die Ziele der Organisationsentwicklung sind, hören Sie nur eine Antwort: Agilität schaffen! Befanden sich noch vor einigen Jahren nahezu alle Unternehmen in einer agilen Transformation, hören Sie nun auch von der digitalen Transformation oder in vielen Fällen sogar von beidem gleichzeitig. Es steht außer Frage, dass viele agile Ideen (bspw. selbstbestimmte Teams) ohne ausreichende Technologie kaum umsetzbar sind. Auch umgekehrt ist es so, dass die digitalen Ideen (bspw. Homeoffice) ohne agile Richtlinien (Aufhebung Anwesenheitspflicht etc.) nicht möglich sind. Diese Studie untersucht den Zusammenhang zwischen Agilität und der Digitalisierung eines Unternehmens und gibt konkrete Handlungsempfehlungen für die Organisationsentwicklung von KMU (Lindner und Leyh 2018). Diese Studie wurde im Vorfeld gemeinsam Dr. Christian Leyh durchgeführt und im Zuge der Konferenz für Business Information Systems (BIS2018) veröffentlicht.

> **In dieser Studie lernen Sie:**
> - Was ist der aktuelle Stand der Organisationsentwicklung für KMU?
> - Was sind Beispiele für agile oder digitale Pilotprojekte in KMU?
> - Ist Agilität für KMU Voraussetzung oder Folge des digitalen Wandels?
> - Wie kann Agilität in einem KMU gesteigert werden?

Motivation der Studie

In zahlreichen Studien wird die Digitalisierung oder die agile Organisation in einem KMU untersucht. Jedoch scheint es mittlerweile zwei verschiedene Diskussionen zu geben, und es stellt sich die Frage: Was ist im Kontext von KMU wirklich relevant? Hintergrund ist, dass KMU seit Gründung oft schon wegen der geringeren Struktur und Prozesslandschaft weitaus agiler als so manches Großunternehmen sind. Allerdings ist die technische Ausstattung von KMU aufgrund des geringeren Budgets nicht so ausgeprägt. Nun stellt sich die Frage, inwiefern eine zielgerichtete Digitalisierung und Agilität im Zusammenhang stehen.

Methodik – kurz und knapp
Im ersten Schritt wird die aktuelle Literatur zur Organisationsentwicklung mit Fokus auf KMU aufgearbeitet. Anschließend werden zum besseren Verständnis aktuelle agile und/oder digitale Pilotprojekte in KMU untersucht. Aus diesen wird in einem Roundtable evaluiert, ob Agilität Folge oder Voraussetzung des digitalen Wandels ist. In einem zweiten Roundtable werden anschließend Handlungsempfehlungen für die Organisationsentwicklung in einem KMU gegeben und ein Rahmenwerk daraus entwickelt. Tab. 8.1 zeigt die Teilnehmer des Roundtables.

Organisationen im Laufe der Zeit
Die Debatte um Unternehmensorganisation wird schon sehr lange geführt. Zentrale Punkte waren die Überlegungen von Taylor (1911), der meinte, dass das Hauptaugenmerk einer Unternehmensorganisation darauf gerichtet sein sollte, die höchstmögliche ökonomische Ausnutzung des Arbeiters und der Maschinen zu erzielen, d. h. Arbeiter und Maschine sollten ihre höchste Ergiebigkeit, ihren höchsten Nutzeffekt erreichen. Aus dieser Idee entstand der sogenannte Taylorismus, der das Ziel der Teilung von Arbeit in kleinste Einheiten hat.

Tab. 8.1 Teilnehmer der beiden Roundtables. (Auszug aus Lindner und Leyh 2018)

Unternehmen	Position	RT 1	RT 2
Gewerkschaft	Vorstand IT	X	
IT-Dienstleister (CRM)	Geschäftsleitung	X	
IT-Dienstleister (Logistik)	Geschäftsleitung	X	
IT-Dienstleister (E-Commerce)	Geschäftsleitung	X	X
IT-Dienstleister (Rechenzentrum)	Vorstand	X	X
IT-Konzern	Agile Coach	X	X
IT-Dienstleister (Medien)	Geschäftsleitung	X	
IT-Dienstleister (Consulting)	Vorstand	X	X
IT-Dienstleister (Industrie)	Aufsichtsrat	X	X
Pharma-Konzern	Manager		X

▷ Ursprung der klassischen Organisationen, wie wir sie heute kennen, waren größtenteils die Ideen von Taylor. Arbeit soll damit in kleinste Einheiten geteilt werden. Ziel ist es, die höchste Auslastung von Mensch und Maschine zu erreichen.

Die Ideen von Taylor wurden allerdings im Zuge der Humanisierung der Arbeit stark kritisiert. Hebeisen (1999) hat die Kritik gegen Taylor in seinem Werk zusammengefasst und sieht als Kennzeichen des Taylorismus einseitige Belastungen durch immer wiederkehrende gleiche Bewegungsformen (Monotonie), Fremdbestimmtheit, minimalen Arbeitsinhalt und die Unterforderung der physischen und psychischen Möglichkeiten des Menschen.

Daraus hatte sich um die Jahrtausendwende eine Debatte um Agilität entwickelt. Letzter Stand war, dass die geforderte Reorganisation der IT und der Arbeit im Zuge der digitalen Transformation eine hohe Komplexität mit sich bringt und in einer klassischen Prozessorganisation kaum noch umgesetzt werden kann. Agilität ist in diesem Beispiel wie folgt definiert:

Beispiel

„Agilität beschreibt die Fähigkeit der Informationsfunktion eines Unternehmens, Vorbereitungen zu treffen, um auf wechselnde Kapazitätsansprüche sowie veränderte funktionale Anforderungen sehr schnell, möglichst in Echtzeit, zu reagieren sowie die Möglichkeiten der Informationstechnologie derart nutzen zu können, dass der fachliche Spielraum des Unternehmens erweitert oder sogar neugestaltet werden kann" (Termer 2016).

Die Debatte um die Digitalisierung in Organisationen ist nicht neu, sondern wird bereits seit knapp 30 Jahren geführt. Erste Studien untersuchten den Einsatz von Personal Computern in KMU und auch die damit eingehenden Veränderungen. Heute wird hingegen die These vertreten, dass die Digitalisierung ein Wegbereiter für eine agile Arbeitsweise sein kann. Leyh et al. (2016) zeigen in ihren Studien, dass sich die Digitalisierung von KMU deutlich erhöht und damit neue Möglichkeiten eröffnet, agiler auf Kundenanforderungen zu reagieren. Es kann also davon ausgegangen werden, dass durch mobilere Hard- und Software eine flexiblere Reorganisation möglich ist.

▷ Vision der digitalen Organisation ist es, dass eine zunehmende Digitalisierung in Unternehmen zu einer flexibleren und agileren Arbeit führen kann.

Auf einen Blick: Organisationsentwicklung in KMU
- Aktuell sind viele Unternehmen noch nach den Ideen Taylors nach Steuerbarkeit und Kontrolle optimiert.
- Viele KMU sind bereits jetzt sehr agil (kurze Entscheidungswege und wenige Prozesse). Allerdings gilt es, diese Agilität auch mit steigendem Wachstum zu halten.
- Die Ausstattung von Technologie ist oft aufgrund des geringen Budgets in KMU nicht so stark ausgeprägt.

Beispiele agiler und digitaler Pilotprojekte

In diesem Abschnitt haben die Teilnehmer meines Roundtables vorgestellt, welche agilen/digitalen Pilotprojekte in ihren Unternehmen durchgeführt werden. Aus diesen wird abgeleitet, ob die Teilnehmer primär die Agilität oder den Digitalisierungsgrad steigern wollen. Die Beispiele sind nach der jeweiligen Motivation geordnet. So wollen einige Pilotprojekte Mitarbeiterzufriedenheit und andere primär Kundenzufriedenheit steigern. Agile Pilotprojekte bzw. U-Boot-Projekte sind Projekte, die einem einzelnen Team erlauben, mit anderen Rahmenbedingungen und/oder neuen Technologie zu arbeiten, um diese in der Organisation zu erproben.

Agilität im Sinne der Mitarbeiter

Der erste Beitrag des Roundtables resultiert aus den Erkenntnissen des Gewerkschaftsvorstands und der Tatsache, dass viele der Mitgliedsunternehmen aktuell einen digitalen Wandel anstreben. So sagt der Vorstand der Gewerkschaft:

> Überall spielt das Thema Digitalisierung eine Rolle. Die IT, die wird zum strategischen Faktor. Und auch in dem Zusammenhang wird eben immer mehr mit agilen Methoden zwangsläufig gearbeitet.

Der Konsens der Teilnehmer ist, „dass agile Methoden für die Beschäftigten gut sind" (Vorstand Gewerkschaft). So führt erhöhe Autonomie in der Arbeitsausführung zu mehr Kreativität und Weiterentwicklung der Mitarbeiter. In der Praxis werden agile Pilotprojekte noch vereinzelt für neue Technologien und IT-Teams ausprobiert. In Konzernen zeigt sich dies beispielsweise in der Ausstattung von Teams mit neuen Technologien, die nicht standardmäßig im Unternehmen vorhanden sind, sowie durch die Duldung von Homeoffice und ortsflexibler Arbeit.

Ein weiterer Beitrag stammt von einem Manager eines IT-Dienstleisters für CRM-Software und basiert auf der Motivation des Unternehmens, attraktiver für Fachkräfte zu werden. Durch zahlreiche neue Digitalisierungsaufträge der Kunden werden neue Fachkräfte benötigt:

> [Wir haben einen] Standortnachteil. [Unser Standort] ist zwar eine wunderschöne Stadt, die sitzt aber im Speckgürtel von Stuttgart. Das heißt, alle guten Mitarbeiter zieht es zu [den Konzernen der Region] (Manager CRM-Dienstleister).

Um Mitarbeitern eine höhere Wahlfreiheit zu geben und trotzdem die Stabilität des KMU beizubehalten, hat der Manager aus dem KMU eine der ursprünglichen Abteilungen neu strukturiert:

- *Holacracy* für die Sparte „Consulting"
- *Scrum* für die Sparte „hauseigene Software"
- klassische Hierarchie für die Sparte „Softwarelösungen"

Der Manager betont, dass er jedem Mitarbeiter die passende Methode bieten und ein „kreatives Umfeld [mit] Regularien und Rahmenbedingungen, die uns ermöglichen, diese Flexibilität zu haben", schaffen möchte.

▶   Die Teilnehmer glauben im Konsens, dass Agilität eine Grundvoraussetzung für Projekte rund um die Digitalisierung ist. Ohne diese agilen Methoden im Unternehmen können die Rahmenbedingungen für eine erfolgreiche Digitalisierung nicht gegeben und notwendige Fachkräfte nicht ins Unternehmen gezogen werden.

Agilität im Sinne des Kunden
Laut den Teilnehmern verlangen Kunden immer speziellere Lösungen, und Projekte im Zuge der Digitalisierung sind komplex. Aus diesem Grund sollen agile Methoden neben der Mitarbeiter- auch die Kundenzufriedenheit erhöhen.
   Der Marketingmanager im Roundtable ist Mitglied der Geschäftsleitung eines IT-Logistik-Dienstleisters und präsentierte den Ansatz einer „agileren Geschäftsbeziehung" mit einer Marketingagentur. Er gab der Agentur ein Budget und eine Vision vor: „Schaffen Sie mit uns den Einstieg in das digitale Marketing. Wir wollten es bewusst so machen. Wir wollten nicht sagen: Macht uns eine Webseite. Macht uns eine SEO-Kampagne, macht uns irgendwie ein Google-AdWords-Ding. Sondern steigt mit uns so ein." Durch Autonomie und Freiheit in der Auftragsausführung können, laut dem Manager, dynamische Ziele und Aufgaben besser umgesetzt werden.

Ein weiteres Beispiel stammt von einem Mitglied der Geschäftsleitung eines Dienstleisters für E-Commerce. Das Unternehmen ist für die Digitalisierung der Verkaufsprozesse eines Kunden zuständig. Ziel war die Steigerung der Kundenzufriedenheit. Ein Beispiel ist laut dem Manager:

> Viele der Anforderungen waren so geschrieben: ‚im Menü X möchte ich einen Button für Y'. So hat es das Team gekriegt, so hat es das Team umgesetzt. [...] Es hat überhaupt nichts gebracht. (IT-Leiter des E-Commerce-Dienstleisters).

Zwar wurde die Kundenanfrage umgesetzt, allerdings führte diese nicht zur Zufriedenheit. Problem ist laut dem Manager: „Bislang war es doch oftmals sehr [...] wasserfallartig. Kein Feedback, kein Kundenkontakt, kein Stakeholder-Kontakt." Zur Verbesserung hat der Manager die Methode Scrum ausprobiert und zieht folgendes Resümee: „Also, ich kann jetzt sagen nach sechs Monaten: Es ist Kreativität [...] entstanden. Der Kontakt [zum Kunden] ist kontinuierlich da." Weiterhin hat er sein Einzelbüro als Meetingraum zur Verfügung gestellt und sich in das Teambüro gesetzt. Außerdem wurde durch direkte Durchwahlen der Kontakt zum Kunden hergestellt und der Manager agiert nun nach eigener Aussage als Agile Coach auf Augenhöhe statt als hierarchische Führungskraft.

▷ Alle Teilnehmer glauben, dass ohne agile Methoden Digitalisierungsprojekte in ihren Unternehmen aus Kundensicht nicht so erfolgreich gewesen wären.

Auf einen Blick
- Die Digitalisierungsprojekte in Unternehmen stellen zunehmend erhöhte Flexibilitätsanforderungen an Mitarbeiter in der Arbeitsausführung. Agilität kann hier eine höhere Flexibilität bieten und damit Mitarbeitermotivation und Produktivität steigern. Auch werden neue Führungskräfte notwendig sein, für die mit agilen Methoden eine attraktivere Arbeitsumgebung geschaffen werden kann.
- Die Teilnehmer glauben, dass speziell Digitalisierungsprojekte eine erhöhte Komplexität bieten und auf Kundenanfragen individueller reagiert werden kann. Agile Methoden bzw. Prinzipien werden ebenfalls als eine effiziente Methode gesehen, um in Digitalisierungsprojekten flexibler und schneller reagieren zu können.

Organisationsentwicklung in KMU

Um die Beispiele nun weiter zu vertiefen, wurde ein zweiter Roundtable durchgeführt. Ziel war es, den notwendigen Prozess hinter der digitalen bzw. agilen Organisationsentwicklung zu beleuchten und Handlungsempfehlungen abzuleiten.

Zur Eröffnung der Diskussion sagte der Vorstand des Consultingunternehmens: „Weil wir halt dreißig Jahre im Unternehmen sind, [heißt es:] Ich habe es schon immer so gemacht. Und auf der anderen Seite haben wir Sachen, die extrem neu sind. Und die richtige Balance zu finden, ist durchaus eine spannende Sache."

In erster Linie empfehlen die Teilnehmer, verschiedene Grade an Agilität im Unternehmen zu etablieren. Der Vorstand des Rechenzentrums unterstreicht diese Aussage:

> Wir haben hochkreative Bereiche, wo sich die Zusammenarbeit ständig neu erfinden muss, jeden Tag, wenn neue Anforderungen reinkommen. Aber auf der anderen Seite das klassische Rechenzentrum, wo es wirklich drum geht: Einer muss irgendwelche Elektrik machen, das ist repetitiv.

„Es möchte auch nicht jeder Mitarbeiter agil arbeiten", ergänzt die Managerin des Pharmaunternehmens und zitiert die Aussage eines Mitarbeiters: „Ich mache meinen Job! Sag mir, was ich tun soll! Und dann gehe ich nach Hause!" Somit werden zwei zentrale Erkenntnisse bei der Konzeption der Handlungsempfehlungen in den Vordergrund gerückt:

- Nicht jeder Mitarbeiter möchte agil arbeiten.
- Nicht jeder Bereich im Unternehmen benötigt eine hohe Agilität.

Rahmenwerk zur Organisationsentwicklung für ein KMU

Im folgenden Schritt haben die Teilnehmer praktische Empfehlungen zur Umsetzung der notwendigen organisatorischen Änderungen gegeben. Diese sind in Tab. 8.2 zusammengefasst.

Das Modell in Abb. 8.1 stellt die Empfehlungen der Teilnehmer dar, die im Nachgang zur Diskussion zu einem Modell zusammengefasst worden sind. Erste Idee war es, verschiedene Grade von Agilität zu schaffen. Somit ist den Mitarbeitern eine Wahlfreiheit gegeben und in jedem Bereich wird nur so viel Agilität geschaffen, wie auch sinnvoll ist.

Tab. 8.2 Handlungsempfehlungen zur Agilitätssteigerung. (Lindner und Leyh 2018)

Angestrebte Ziele	Handlungsempfehlungen
Steigerung der Mitarbeiterzufriedenheit	Durch Bereiche mit verschiedener Agilität werden im Unternehmen Möglichkeiten für jeden Mitarbeiter geschaffen, sodass dieser frei wählen kann.
Flexibilität in der Arbeitsausführung	Durch höhere Autonomie in der Arbeitserledigung kann den Mitarbeitern eine höhere Freiheit geboten werden, komplexe Aufgaben auszuführen.
Reaktion auf Veränderung	Durch eine Lockerung der Rahmenbedingungen können Pilotteams in dynamischen Projekten effizienter auf Änderungen reagieren.
Höhere Kundenzufriedenheit	Durch einen direkten Kundenkontakt können Anforderungen schneller evaluiert und Änderungswünsche mit den Kunden schnell abgestimmt werden.

Um die benötigen Grade an Agilität aufzuzeigen, empfehlen die Teilnehmer eine Aufteilung in drei Sektoren, die sich in der Nähe zum Markt unterscheiden. Grundannahme ist, dass beispielsweise ein internes Controlling oft weniger Kontakt zum Markt braucht und deswegen im Kreisinneren sein sollte, während

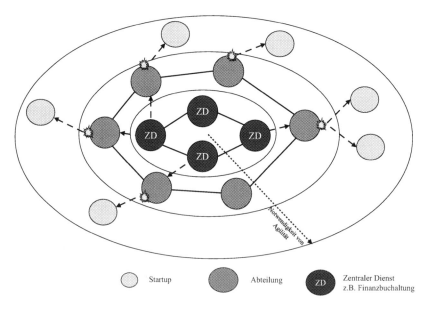

Abb. 8.1 Referenzmodell für ein agiles KMU. (Lindner und Leyh 2018)

größere und stabile Abteilungen (Bsp. stabiler und langjähriger Kunde) eine mittlere Agilität aufweisen sollten. Speziell Teams für neue Kunden und neue Themen (Technologie oder agile Methoden) sollten laut den Teilnehmern von einer Abteilung abgespalten und als marktnahe Pilotteams oder kleine Start-ups etabliert werden.

▷   Schauen Sie, welche Bereiche Sie im Unternehmen haben und ordnen
       Sie diese im Modell an.

Zur Umsetzung sollten Sie Ihre Unternehmensbereiche in den Graden der Agilität anordnen. In der Mitte werden die wichtigen, standardisierten und planbaren Themenbereiche des Unternehmens zugeordnet. Beispiele könnten sein: Finanzen, Reisekosten, Buchhaltung sowie oft die Administration. Hier findet laut den Teilnehmern wenig bis keine Änderung statt.

Außerhalb dieser befinden sich die Abteilungen des Unternehmens, die sich, wie zuvor beschrieben, ab einer gewissen Größe teilen und sogenannte Start-ups bilden. Grund ist, dass die Abteilungen ab einer gewissen Größe Agilität verlieren, die somit erhalten bleibt.

▷   In der Zusammenfassung sehen die Teilnehmer als Grundlage einen Mix
       im Unternehmen aus klassischen und agilen Methoden, je nach Bereich.

Natürlich ist das Referenzmodell nur eine vereinfachte Darstellung der Realität und nicht immer uneingeschränkt anwendbar. Es sind speziell in KMU viele Besonderheiten und auch verschiedene Branchen und Märkte zu berücksichtigen. Auch rechtliche Aspekte wie Arbeitsverträge etc. sollten angepasst werden. Jedoch dient das Modell dazu, Ihnen eine erste Richtlinie für weitere Überlegungen zu geben.

Zusammenfassung und strategische Impulse für KMU

Dieses Essential befasst sich mit KMU und geht auf die spezifischen Rahmenbedingungen ein. So lag der Fokus der Diskussion um die Digitalisierung bis vor kurzem noch auf Großkonzernen. KMU haben bis dahin oft den Entwicklungen abwartend zugesehen und erst in den letzten Jahren die Digitalisierung massiv vorangetrieben. Schon heute lassen sich erste Best Practices und Erkenntnisse daraus ziehen. Klar ist, dass die Digitalisierung nicht zu vernachlässigende Vorteile mit sich bringt, aber durch die starken und tief greifenden Veränderungen auch Risiken birgt.

Gemeinsam mit einem Team aus Forschern und Entscheidern aus KMU, Konzernen und einer Gewerkschaft habe ich die Felder Arbeit, Führung und Organisation in insgesamt vier Studien erforscht. Um das Essential auch sinnvoll abschließen zu können, habe ich alle Praxispartner erneut zu einem Roundtable eingeladen. Ziel war es, die Forschungsergebnisse der letzten zwei Jahre erneut zu evaluieren und konkrete strategische Impulse für KMU daraus abzuleiten. Während also alle anderen Roundtables eher ein Thema in der Tiefe betrachtet haben, soll nun ein ganzheitlicher Blick auf das Thema durchgeführt werden. Tab. 9.1 zeigt die Teilnehmer des Roundtables. Ich habe dazu eine Mischung aus Teilnehmern eingeladen. Der Fokus lag auf den Teilnehmern, die bei fast allen Roundtables dabei waren.

© Springer Fachmedien Wiesbaden GmbH, ein Teil von Springer Nature 2019
D. Lindner, *KMU im digitalen Wandel,* essentials,
https://doi.org/10.1007/978-3-658-24399-9_9

Tab. 9.1 Teilnehmer des Roundtables (RT) sowie Anwesenheit in vorherigen Roundtables

Unternehmen	Position	Anzahl MA	Anzahl RT
E-Commerce-Dienstleister	IT-Leiter	40	4
Maschinenbauunternehmen	Aufsichtsrat	120	4
IT-Konzern	Agile Coach	7000	4
Gewerkschaft	Vorstand (IT)	120000	3
IT-Dienstleister	Marketing-Manager	120	2
Medienunternehmen	IT-Direktor	1600	2
IT-Consulting	Geschäftsführer	100	1
IT-Dienstleister	Marketing-Leiter	400	1

Strategische Impulse für KMU auf einen Blick
- Virtuelle Arbeit und Homeoffice kann für KMU ein Wettbewerbsvorteil im Halten und Rekrutieren von Fachkräften sein. Die Teilnehmer empfehlen für den Anfang 1–2 Tage pro Woche mobile Arbeit zu erlauben.
- KMU können sich mit Benefits wie individuelleren Arbeitsverträgen oder Konzepten wie „Bring your own Device" auf dem Arbeitsmarkt attraktiver machen.
- Virtuelle und Remote-Arbeit kann Phänomene wie Technostress und Reizüberflutung verstärken. Mitarbeiter sollten von Führungskräften entsprechend geschult werden. Grund ist eine erhöhte Selbstorganisation, die von Mitarbeitern gefordert ist.
- Die kommenden Herausforderungen für Führungskräfte sind: Führung auf Distanz, virtuelle Teams führen sowie hybride (online/offline) Führung. Es empfiehlt sich, Führungskräfte gezielt weiterzubilden. Ein Ansatz kann im Wechsel von individueller Führung hin zur Gruppenführung liegen.
- Nicht jeder Mitarbeiter möchte agil arbeiten. Es sollten deswegen Teams mit verschiedenen Arbeitsmethoden geschaffen werden, sodass die Wahlfreiheit für Mitarbeiter deutlich steigt.
- Agile Methoden sind kein Allheilmittel, allerdings speziell für verteilte Teams und marktnahe Projekte sinnvoll.
- Technologie und Agilität gehen Hand in Hand bei der Organisationsentwicklung. Ohne das eine geht das andere nicht.

Ziel des Roundtables war es also zusammenfassend, strategische Impulse abzuleiten, die Ihnen als Entscheider dabei helfen, einerseits agile Richtlinien und andererseits den notwendigen Digitalisierungsgrad im Unternehmen zu schaffen:

> Also mit anderen Worten: Von zu Hause aus arbeiten, Homeoffice, Flexibilität in Ort und Zeit des Arbeitens. Jeder weiß, dass das ein Trend ist, der sich nicht umkehren lässt (Agile Coach des IT-Konzerns).

Schon zu Beginn des Roundtables wird intensiv über das Thema mobile Arbeit diskutiert. Speziell der Vorstand der Gewerkschaft betont die aktuellen Bemühungen, Homeoffice und mobile Arbeit alltäglicher in der Arbeitswelt zu machen. So sagt er:

> Idealerweise beginnt der Mitarbeiter morgens um 7:30 Uhr und endet abends um 21:30 Uhr. Morgens beginnt er mit dem Call nach Shanghai, östliche Zeitzone. Und abends ist nochmal ein Meeting mit Los Angeles. […] Das macht er von zu Hause.

Besonderen Fokus legen die Teilnehmer auf die Etablierung von Homeoffice und flexibler Arbeitszeit. So fordert der Geschäftsführer des Consulting-Unternehmens: „Ich möchte die Freiheit haben, auch abends um 10 Uhr noch meine Mails zu schicken!".

Speziell die Tatsache, dass KMU Benefits wie Homeoffice oder Freiheit in der Geräteauswahl durch kurze Entscheidungswege anbieten können, ist für die Teilnehmer ein Vorteil. So bemerkt die Runde, dass viele große Unternehmen Homeoffice und moderne Arbeitsgeräte wie beispielsweise MacBooks noch nicht anbieten:

> Solange, ich sag jetzt mal, die Großen es nicht schaffen, sich da [flexible Arbeitszeit und -ort] zu verbessern, ist das eine riesige Chance für kleine Unternehmen, die Talente auch zu bekommen (IT-Direktor des Medienunternehmens).

Jedoch kommen mit dieser virtuellen Arbeit auch neue Herausforderungen auf die Teilnehmer zu. So sagt der der IT-Leiter des E-Commerce-Dienstleisters:

> Also ich glaube, dass sich das gar nicht aufhalten lässt. Es wird sich durchsetzen. Die Frage ist dann, wie der Einzelne damit umgeht.

Der Marketing-Manager des IT-Dienstleisters findet, dass für einige Mitarbeiter eine „Überreizung dessen, was für diese möglich ist" stattfindet. Auch der Aufsichtsrat des Produktionsunternehmens bemerkt, dass nicht jeder Mitarbeiter mit einem virtuellen Meeting sofort einverstanden ist. Er weist deswegen immer auf die Tatsache hin, dass er sich im Homeoffice befindet: „Ich bin zu Hause, es kann sein, dass mein Kind um die Ecke kommt!".

▶ Mobile und digitale Arbeit fordern eine höhere Selbstorganisation! Es
    nutzt nichts, wenn Sie beispielsweise E-Mails abschalten. Helfen Sie
    Ihren Mitarbeitern in der digitalen Welt zurechtzukommen.

Die Teilnehmer sind sich einig, dass sie es sind, welche als Führungskräfte und Entscheider in der Rolle des „digitalen Coaches" agieren. So sagt der IT-Direktor des Medienunternehmens: „Ich vermeide das Wort ‚führen' da mittlerweile. Sondern das ist eher eine Lenkung." In seinem Unternehmen setzt er deswegen deutlich mehr auf die Nachverfolgung der Zielerreichung und Ergebnisse als z. B. auf Methoden wie klassische Zeiterfassung:

> [Ich hatte] eine Diskussion über Minus-Stunden mit einer Mitarbeiterin der HR
> [...]. Ich habe gesagt: Streicht die, ich habe keine Lust drüber zu diskutieren. Er
> bringt seine Ergebnisse!

So fasst der IT-Leiter des E-Commerce-Dienstleisters den Konsens wie folgt zusammen:

> Also, es gibt diese Mischung aus Führung jetzt im Sinne auch von individuel-
> ler Personenführung, also Einzelgespräche/Einzelentwicklung und individuel-
> les Coaching. Aber auch Methoden. Bei den Methoden sehe ich dann eher den
> Anwendungsbereich, wo es um Teamcoaching, um Gruppensteuerung oder die
> Steuerung gruppendynamischer Prozesse geht.

▶ Bereiten Sie Ihre Führungskräfte auf die Herausforderungen in der digi-
    talen Transformation vor und fördern Sie den aktiven Austausch unter
    diesen. Ansatz ist eine Führung von Teams statt Einzelpersonen und die
    Lenkung durch Ziele.

Im Anschluss konzentrierte sich die Diskussion nicht nur auf die Etablierung von Arbeitsmethoden in virtuellen Teams, sondern auch auf die Skalierung im Unternehmen. Jedoch limitiert speziell der IT-Leiter des E-Commerce-Dienstleisters:

> Das ganze Unternehmen auf einmal umzukrempeln ist schon per se keine agile Vor-
> gehensweise. Das tun wir lieber nicht.

Alle Teilnehmer empfehlen deswegen, einzelne Teams oder Abteilungen agiler und autonomer entscheiden zu lassen. Agilität ist im digitalen Wandel einer der großen Erfolgsfaktoren – allerdings nicht in jedem Bereich und nicht für jeden Mitarbeiter. Der Tipp der KMU-Entscheider lautet deswegen: Schauen Sie genau, welches Team wie viel Agilität braucht und lassen Sie Mitarbeiter selbst bestimmen, wie agil diese arbeiten wollen.

▶ Schaffen Sie eine höhere Wahlfreiheit, indem Sie die Mitarbeiter die Arbeitsmethodik des Agilitätsgrades selbst bestimmen lassen. Fragen Sie im ersten Schritt Ihre Teams.

Zu guter Letzt möchte ich Ihnen noch mit auf den Weg geben, dass die Einführung von Technologie kein Garant für Erfolg ist. Ohne entsprechende Richtlinien wie eine Arbeitszeitregelung sind flexible Arbeitszeiten kaum möglich. Umgekehrt aber benötigt beispielsweise Homeoffice auch entsprechende technologische Grundlagen. Dies sehen alle Teilnehmer im Konsens als die größte Herausforderung an. Hierzu gibt es bisher kaum Richtlinien, sondern: „Man legt ein Grobgerüst fest und dann macht man iterativ einen Schritt nach dem anderen", so der Marketing-Manager des IT-Dienstleisters.

▶ Agilität und Technologie gehen Hand in Hand. Denken Sie daran, agile Richtlinien und Digitalisierungsstand in der Waage zu halten.

Im Juli 2018, wenige Monate nach dem Roundtable, habe ich die Teilnehmer die Ergebnisse erneut durch eine personalisierte Online-Befragung evaluieren lassen. Die teilnehmenden Praxispartner haben diese weiterhin als richtig bestätigt. Auch habe ich gefragt, welchen Fokus die Praxispartner aktuell auf die Themen setzen. So findet sich in Abb. 9.1 ein Schieberegler, welcher zeigt, wie Sie Ihre Intensität

Abb. 9.1 Fokus der Teilnehmer auf die Themenfelder der Studie

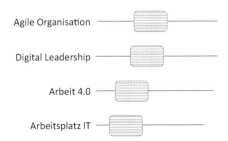

ausrichten könnten. Aktueller Stand ist, dass die Teilnehmer zu ca. einem Drittel (30 %) Agilität in Organisation und Führungsverhalten anpassen. Nachgelagert ist mit ca. 25 % die Etablierung neuer Arbeitsmodelle sowie die Einführung von neuer Arbeitsplatz-IT (15 %).

Ich hoffe, ich konnte Ihnen mit diesem Essential spannende Denkimpulse geben. Insgesamt habe ich an den Studien neben meinem Vollzeitjob über drei Jahre gearbeitet. Es stellt außerdem die Zusammenfassung meiner Promotion dar. Es war mir eine besondere Freude, dieses Essential zu verfassen und ich verspreche Ihnen, dass dies nicht die letzte Studie bzw. das einzige Fachbuch von mir bleibt.

Was Sie aus diesem *essential* mitnehmen können

- Auch für KMU ist ein gewisser Digitalisierungsgrad wichtig für die Zukunftsfähigkeit
- Agile Methoden und flexible Arbeitsmodelle werden ein fester Bestandteil der Arbeitswelt
- Führungskräfte werden verstärkt zu Scrum Mastern, Coaches und Treiber der Digitalisierung
- Agilität ist allerdings kein Allheilmittel, sondern sollte jeweils im speziellen Kontext eingesetzt werden

© Springer Fachmedien Wiesbaden GmbH, ein Teil von Springer Nature 2019   53
D. Lindner, *KMU im digitalen Wandel,* essentials,
https://doi.org/10.1007/978-3-658-24399-9

Literatur

Eigene Studien

Lindner, D., Ott, M., & Leyh, C. (2017). Der digitale Arbeitsplatz – KMU zwischen Tradition und Wandel. *HMD – Praxis der Wirtschaftsinformatik, 2017*(5), 1–17.

Lindner, D., Ludwig, T., & Amberg, M. (2018). Arbeit 4.0 – Konzepte für eine neue Arbeitsgestaltung in KMU. *HMD Praxis der Wirtschaftsinformatik, 2018*(6), 17.

Lindner, D., & Greff, T. (2018). Führung im Zeitalter der Digitalisierung – was sagen Führungskräfte? *HMD – Praxis der Wirtschaftsinformatik, 2018*(5), 20.

Lindner, D., & Leyh, C. (2018). Organizations in Transformation: Agility as Consequence or Prerequisite of Digitization? In W. Abramowicz & A. Paschke (Hrsg.), *BT – Business Information Systems* (S. 86–101). Cham: Springer International Publishing.

Lindner, D., & Leyh, C. (2019). Digitalisierung von KMU – Fragestellungen und Handlungsempfehlungen. Aktuell im Publikationsprozess, 23.

Literaturquellen

Bair, J. H. (1985). Personal computers and the office of the future. *Telematics and Informatics, 2*(2), 113–117. https://doi.org/10.1016/S0736-5853(85)80003-4.

Bley, K., & Leyh, C. (2016). Status Quo der Digitalisierung deutsche Industrieunternehmen – Eine Studie ausgewählter Unternehmen. *Multikonferenz Wirtschaftsinformatik, 2016,*1651–1662.

Hebeisen, W. F. (1999). *Taylor und der Taylorismus Über das Wirken und die Lehre Taylors und die Kritik am Taylorismus.* Zürich: Vdf Hochschulverlag.

IfM. (2018). Definitionen. Institut für Mittelstandsforschung. https://www.ifm-bonn.org/definitionen/. Zugegriffen: 10. Apr. 2018.

KfW. (2017). KfW Mittelstandspanel 2017. http://agile-unternehmen.de/quellen/kfw-mittelstand. Zugegriffen: 02. Aug. 2018.

© Springer Fachmedien Wiesbaden GmbH, ein Teil von Springer Nature 2019
D. Lindner, *KMU im digitalen Wandel,* essentials,
https://doi.org/10.1007/978-3-658-24399-9

Leyh, C., Bley, K., & Schäffer, T. (2016). Digitization of German Enterprises in the Production Sector – Do they know how "digitized" they are? – To be published. *Americas Conference on Information Systems – AMCIS*, August, (S. 1–10).

Ludwig, T., Kotthaus, C., Stein, M., Durt, H., Kurz, C., Wenz, J., Doublet, T., Becker, M., Pipek, V., & Wulf, V. (2016). Arbeiten im Mittelstand 4.0 – KMU im Spannungsfeld des digitalen Wandels. *HMD Praxis Der Wirtschaftsinformatik, 53*(1), 71–86.

Montazemi, A. R. (1986). *An analysis of information technology assessment and adoption in small business environments.* Research and Working Paper Series (McMaster University, Faculty of Business), (264), 34.

Raymond, L. (1986). The Presence Of End-User Computing In Small Business: An Exploratory Investigation Of Its Distinguishing Organizational And Information Systems Context. *Information Systems and Operational Research, 25*(3), 198–213.

Statista. (2018). Anzahl der mittelständischen Weltmarktführer nach Ländern. Statista. https://de.statista.com/statistik/daten/studie/383549/umfrage/mittelstaendische-weltmarktfuehrer-nach-laendern. Zugegriffen: 10. Apr. 2018.

Statistisches Bundesamt. (2015). Beschäftigungsverteilung in KMU. Statistisches Bundesamt. https://www.destatis.de/DE/ZahlenFakten/GesamtwirtschaftUmwelt/UnternehmenHandwerk/KleineMittlereUnternehmenMittelstand/KleineMittlereUnternehmenMittelstand.html. Zugegriffen: 02. Aug. 2018.

Taylor, F. W. (1911). *The Principles of Scientific Management.* USA: Harper and Brothers.

Termer, F. (2016). *Determinanten der IT-Agilität.* Wiesbaden: Springer Gabler. https://doi.org/10.1007/978-3-658-14215-5.

Urbach, N., & Ahlemann, F. (2016). Der Wissensarbeitsplatz der Zukunft: Trends, Herausforderungen und Implikationen für das strategische IT-Management. *HMD Praxis der Wirtschaftsinformatik, 53*(1), 16–28.

Werth, D., Greff, T., & Scheer, W. (2016). Consulting 4.0 – Die Digitalisierung der Unternehmensberatung. *HMD Praxis der Wirtschaftsinformatik, 53*(1), 55–70.

Printed in the United States
By Bookmasters